Michelle Marine

CAKE
design

ADMINISTRAÇÃO REGIONAL DO SENAC NO ESTADO DE SÃO PAULO
Presidente do Conselho Regional: Abram Szajman
Diretor do Departamento Regional: Luiz Francisco de A. Salgado
Superintendente Universitário e de Desenvolvimento: Luiz Carlos Dourado

EDITORA SENAC SÃO PAULO
Conselho Editorial
Luiz Francisco de A. Salgado
Luiz Carlos Dourado
Darcio Sayad Maia
Lucila Mara Sbrana Sciotti
Luís Américo Tousi Botelho

Gerente/Publisher
Luís Américo Tousi Botelho

Coordenação Editorial
Verônica Marques Pirani

Prospecção
Andreza Fernandes dos Passos de Paula
Dolores Crisci Manzano
Paloma Marques Santos

Administrativo
Marina P. Alves

Comercial
Aldair Novais Pereira

Comunicação e Eventos
Tania Mayumi Doyama Natal

Edição de Texto
Amanda Andrade

Coordenação de Revisão de Texto
Marcelo Nardeli

Revisão de Texto
Fernanda Corrêa

Capa, Projeto Gráfico e Editoração Eletrônica
Antonio Carlos De Angelis

Fotografias
Luna Garcia – Estúdio Gastronômico
Adobe Stock (pp. 24-29, 63, 66, 75, 95 e 97)

Impressão e Acabamento
Leograf

Proibida a reprodução sem autorização expressa.
Todos os direitos desta edição reservados à
Editora Senac São Paulo
Av. Engenheiro Eusébio Stevaux, 823 – Prédio Editora
Jurubatuba – CEP 04696-000 – São Paulo – SP
Tel. (11) 2187-4450
editora@sp.senac.br
https://www.editorasenacsp.com.br

© Editora Senac São Paulo, 2025

Dados Internacionais de Catalogação na Publicação (CIP)
(Claudia Santos Costa – CRB 8ª/9050)

Marine, Michelle
Cake design / Michelle Marine. – São Paulo : Editora
Senac São Paulo, 2025.

Bibliografia.
ISBN 978-85-396-5339-3 (impresso/2025)
e-ISBN 978-85-396-5340-9 (ePub/2025)
e-ISBN 978-85-396-5341-6 (PDF/2025)

1. Confeitaria (Culinária). 2. Confeitaria (Receitas e
preparo). 3. Decoração de bolos. I. Título.

25-2375c	CDD – 641.8653
	BISAC CKB095000
	CKB014000
	CKB024000

Índice para catálogo sistemático:
1. Confeitaria (Receitas e preparo) : Gastronomia : 641.86
2. Confeitaria (Culinária) : Decoração de bolos 641.86539
3. Sobremesas : Bolos decorados 641.86539

Editora Senac São Paulo – São Paulo – 2025

Sumário

Apresentação..............................7

Breve história dos bolos
decorados e do cake designer......9
    Processo criativo.............................11

Utensílios e equipamentos..........13
    Utensílios 13
    Equipamentos...................................15

Higiene e manipulação
dos alimentos 19

Descrição dos principais
ingredientes e suas funções........23
    Farinha de trigo 24
    Açúcares 24
    Manteiga...26
    Ovos 26
    Fermento químico............................27
    Gordura vegetal hidrogenada..........27
    Carboximetilcelulose (CMC)..........28
    Ácido cítrico 28
    Corantes alimentícios 28
    Gelatina 29

Fichas técnicas 31
    Modelo..35

Produções de cake design 37

Massas 39
   Amanteigada 41
   Pão de ló estabilizado 44

Recheios 46
   Ganaches 47
   Brigadeiro 50
   Frutas: redução 52
   Calda 54

Coberturas 56
   Chantilly estabilizado saborizado .. 57
   Creme de manteiga 60
   Blindagem 64

Pasta de açúcar 66
   Pasta americana 67
   Chocopasta 70
   Pastilhagem 71
   Massa elástica 72

Técnicas de montagem e cobertura 75
   Laminação da massa de bolo 76
   Aplicação de recheio 76
   Montagem/prensagem 78
   Aplicação de coberturas e espatulagem 82
   Chantilly e creme de manteiga 82
   Blindagem 86
   Aplicação da pasta de açúcar 88

Técnicas de decoração 93
   Bicos de confeitar e manga de confeitar 94

Cuidados com embalagem e transporte 99

Arrematando as ideias 103
Referências 105

Apresentação

O cake designer é o profissional com habilidade para criar a decoração de um bolo. É como um artista, um pintor: tem o bolo como uma tela em branco e necessita de inspirações e de processo criativo para desenvolver a arte até o final.

Elaborar a harmonia entre massa, recheio, calda e cobertura faz parte do trabalho do cake designer. Muitas vezes, a decoração e a temática da festa auxiliam no processo criativo para entregar o melhor sabor e a decoração dos bolos, então sempre vale a pena usar esses elementos como inspiração.

Para investir e empreender na área, é preciso analisar os processos técnicos na hora de fazer e decorar um bolo. Isso exige boa qualidade dos ingredientes e equilíbrio entre sabores, textura, estrutura de massas, recheios e coberturas, além de dedicação com os princípios sustentáveis. A partir do momento em que o cake designer passa a dominar tais técnicas, ele consegue produzir, de maneira autoral e com segurança, todo o processo da construção artística necessário nesse momento.

Este livro é para os amantes da decoração de bolos. Aqui, buscamos trazer, de uma forma doce, sugestões e técnicas para melhorar o processo criativo na confeitaria, tendo como objetivo auxiliar seu dia a dia com técnicas para aprimorar as habilidades práticas de cake designer.

Breve história dos bolos decorados e do cake designer

Você já parou para pensar na história da profissão de cake designer? Como surgiu, como se desenvolveu e quando esse trabalho começou a se popularizar? Pense por alguns minutos em festas que você ia quando era mais novo e nas festas de hoje em dia: você consegue perceber as diferenças nas decorações e nas coberturas de bolos? E o que você gostaria de mudar nas festas atuais? Convidamos você a fazer esse pequeno exercício mental!

Fondant, pasta de açúcar ou pasta americana? A diferença entre as três é baseada em questões históricas e culturais.

A história da confeitaria começa em meados de 1470, quando a profissão do confeiteiro surgiu na Alemanha, simultaneamente à divisão profissional entre os processos de confeiteira e panificação. Nessa época, a confeitaria ganha características glamurosas, com bolos e tortas que chegavam a quase 2 metros de altura. Com o passar do tempo, técnicas, utensílios e coberturas foram adaptadas.

Na Inglaterra, no reinado da rainha Elizabeth I (1558-1603), a decoração dos bolos começou a se difundir com a cobertura feita de amêndoas (marzipan). Foram feitos bolos e esculturas para eventos e casamentos, e o bolo decorado era sinônimo de status e poder financeiro para as famílias da corte.

A Inglaterra importa açúcar desde a Idade Média. No século XVI, devido à difusão do açúcar, sua variedade começou a se expandir, possibilitando criações de coberturas diferentes para os bolos decorados. No século XVII, estava disponível o açúcar duplo refinado, com uma textura similar ao de confeiteiro; somente no século XIX o açúcar de confeiteiro como conhecemos hoje foi desenvolvido. A partir dele, foi desenvolvido o açúcar impalpável, com adição de amido de milho, o que auxilia na secagem de coberturas como a pasta de açúcar e o glacê real.

Durante o século XVII e até o século XIX, o termo "glacê" começou a ser difundido. Derivado do xarope do açúcar, essa calda foi pincelada em um bolo quente e levada à refrigeração. À medida que esfriava, a calda ficava com aspecto esbranquiçado.

O glacê branco nos bolos era um indicador de qualidade e custo superior do açúcar. Um bolo de casamento coberto com glacê branco, na época, simbolizava pureza e extrema riqueza.

Em 1555, inicia-se o processo de criação da pasta de açúcar (fondant laminado). A receita era feita de água de rosas, açúcar, suco de limão, clara de ovos e goma tragacanto* (extraída da seiva seca de leguminosas do Oriente Médio).

Já no século XIX, na Grã-Bretanha, um estereótipo de bolo de casamento era desenvolvido: cobertura de glacê branco liso e finalização com rosas feitas de pasta de açúcar branco adicionadas ao redor da borda superior. Na lateral do bolo, rosas vermelhas e folhas verdes. Esse tipo de decoração de bolo de casamento foi o modelo padrão para a corte na Europa. A partir desse momento, confeiteiros com habilidades de decoração de bolos começaram a ser referências no mercado e outras famílias abastadas começaram a contratar esses "cake designers" para a criação de bolos para festas comemorativas.

No século XX, os ingleses já tinham a habilidade de trabalhar com a pasta de açúcar e, em pouco tempo, essa técnica chegou aos Estados Unidos, ganhando força com o clássico buttercream.

Em 1980 e 1990, no Brasil, a pasta de açúcar começou a ganhar fama e aparecer mais para o grande público, especialmente no programa de televisão *Cozinha maravilhosa da Ofélia*, na Rede Bandeirantes. A argentina Marta Ballina ensinou pela primeira vez como se trabalhava com a pasta de açúcar. Na época, esse era um produto importado e popularmente conhecido

---

* **Tragacanto:** é o produto obtido depois da secagem das exsudações do tronco e dos ramos de algumas leguminosas do gênero Astragalus. Essa goma é usada como estabilizante, espessante, emulsificante e agente de suspensão em produtos alimentícios.

como pasta americana, porque eram os americanos que gostavam de usar essa cobertura. Então, uma empresa brasileira registrou esse nome, que ficou tão popular que é usado até os dias de hoje.

O cake designer deve ter a habilidade de desenvolver o bolo completo: massa, recheio e decoração. Com o tempo, a tecnologia, os preparos, os utensílios e o processo criativo facilitaram a elaboração dos bolos, e a evolução na área trouxe facilidades para pensar na perfeita harmonização de massa, recheio e cobertura, de acordo com o evento e o público.

Processo criativo

Seu cardápio tem sempre os mesmos sabores? Prestígio, chocolate, baunilha?

É normal ocorrer o famoso bloqueio criativo quando pensamos na construção de um cardápio de bolo. Afinal, criar massa, recheio e cobertura é um processo construtivo que necessita de inspiração e técnica.

A criatividade é sinônimo de inventividade e pode ser encontrada em diversas atividades artísticas, como pintura, escultura, música, arquitetura, entre outras. E o processo criativo é extremamente relacionado com o processo racional de tomadas de decisão. No artigo "Creativity support system for cake design", Ruiz *et al.* (2015) defendem que os processos de tomada de decisão são normalmente compostos por quatro etapas: enquadrar a decisão; gerar alternativas; avaliar as alternativas; escolher e implementar a alternativa escolhida.

A partir do momento que você gera alternativas para o objetivo principal, o processo criativo começa a se desenvolver. Os autores do artigo, Franscisco Ruiz, Cristóbal Raya, Albert Samà e Núria Agell, dizem que: "A criatividade deve ser considerada como uma das mais altas funções cognitivas da mente humana. É um fenômeno por meio do qual algo novo e valioso é produzido".

O processo criativo dentro da confeitaria pode iniciar com base em duas características: a *originalidade*, ou seja, a novidade, e a *adequação*, que pode ser necessária, por exemplo, se o valor de um insumo for demasiado caro em determinada região.

A filósofa Margaret Boden, autora do livro *Creativity and art: three roads to surprise*, aponta que o processo criativo pode ser construído a partir de duas vertentes: P-criatividade e H-criatividade. A P-criatividade, ou criatividade psicológica, consiste em explorar como a mente humana gera ideias novas e originais; a criatividade, muitas vezes, envolve a capacidade de fazer associações necessárias, pensar de forma divergente e resolver problemas de maneira inovadora, sempre baseando-se nos processos cognitivos. Levando para o âmbito da confeitaria: qual processo técnico pode ser alterado para facilitar o preparo de uma receita?

A segunda é conhecida como H-criatividade, ou criatividade histórica, que consiste em destacar, durante o desenvolvimento do processo criativo, movimentos, eventos ou mudanças significativas de forma positiva na história. A criatividade histórica pode ser vista em diversos ramos, como na arte, na ciência, na política e na tecnologia. Levando para o contexto da confeitaria, a parte histórica contribui para diferentes partes técnicas, desde receituário até decoração do bolo, apresentando processos criativos variados.

Para intensificar o processo criativo do cake designer, é importante pensar na tríade aceitabilidade, adequação e estratégia. Com relação à aceitabilidade, você deve perceber o quanto o público aceita e está disposto a provar a inovação. Em adequação, busque testar uma forma nova de fazer algum preparo clássico, apresentando um sabor ou textura diferente – isso já é ser criativo. Por fim, em estratégia, pense em processos que podem facilitar o desenvolvimento de novas receitas ou de adaptações de receitas já existentes.

A criatividade pode e deve ser desenvolvida, ensinada e instigada. Para o cake designer, essa característica é muito importante e precisa ser aperfeiçoada e exercitada sempre.

A atuação do cake designer passou por diversas influências ao logo dos séculos, evoluiu e inovou em técnicas de preparo e acabamentos, partindo sempre da criatividade e da aceitação do público. Esse é um mercado que está em busca de inovação a todo instante, equilibrando sabor e criatividade na decoração de bolos e doces.

Utensílios e equipamentos

A utilização dos equipamentos e utensílios corretos no trabalho de cake designer facilita o processo produtivo do bolo como um todo, desde massa, recheios e caldas até coberturas e decorações. Isso favorece a padronização das produções e diminui o tempo de preparo. Mas você conhece bem os utensílios e equipamentos? Em toda profissão, é necessário saber o que usar, como e quando, e isso não seria diferente para o cake designer. Qual é a importância de saber como escolher e manusear os equipamentos em uma cozinha? Otimizar tempo e recursos? Evitar desperdícios e retrabalho?

A seguir, elencamos utensílios e equipamentos que farão parte do seu dia a dia como cake designer.

Utensílios

- **Bailarina:** conhecido como prato giratório, facilita o processo de decoração de doces e bolos, auxiliando na padronização para a aplicação de coberturas, recheios e decorações.

- **Bicos de confeitar:** acessório para decorar tortas e bolos ou aplicar recheios. Cada tipo de bico de confeitar cria decorações diferentes.

- **Manga de confeitar:** auxilia na aplicação de coberturas e recheios de bolos e doces.
- **Nivelador de bolo:** auxilia no processo da laminação da massa, padronizando cada camada.
- **Salva bolo:** ajuda a pegar cada lâmina de massa depois de cortada, evitando o risco de quebra da lâmina ao movimentá-la, e no processo da montagem do bolo.
- **Acetato:** é uma folha transparente rígida que auxilia no processo da montagem do bolo e na aplicação de decorações.
- **Espátula angular:** usada para espalhar recheios, aplicar coberturas e fazer decorações.
- **Espátula reta:** auxilia na aplicação da primeira camada de cobertura no bolo.
- **Espátula frisada:** é um dos tipos de espátula decorativa e deixa riscos horizontais por igual.
- **Espátula decorativa:** auxilia na aplicação de cobertura e cria acabamentos específicos, dependendo da decoração da espátula.
- **Bailarina de mão:** é usada para criar flores de glacê real ou chantilly. Durante seu uso, o ideal é trazer a ferramenta o mais próximo possível dos olhos para visualizar bem a decoração ao fazer as flores.
- **Cortadores:** servem para cortar, decorar e marcar massas.
- **Cortadores com ejetor:** também servem para cortar, marcar e decorar as massas, porém o ejetor facilita a retirada do item de dentro do cortador.
- **Pincel de silicone culinário:** ajuda a controlar a quantidade de produto a ser passado em uma superfície, como ao untar uma forma, passar algo sobre o bolo, etc.
- **Pincel artístico:** auxilia a fazer pequenos acabamentos em peças de açúcar ou em chocolates.
- **Derretedeira de plástico:** é um equipamento que ajuda a derreter ingredientes em banho-maria. Por conta do seu formato, facilita o acesso no micro-ondas e a manipulação do alimento derretido.
- **Maçarico:** ferramenta a gás usada para aplicar calor ou chama. Devido ao gás, dá coloração e sabor em frutas, coberturas e faz acabamentos em bolos.
- **Marcadores e carimbos:** funciona como um cortador, mas é utilizado em detalhes mais específicos e menores.
- **Borrifador:** é como um aerógrafo (veja definição mais à frente) de mão e permite pintar e aplicar pó de decoração em bolos e doces.
- **Termômetros:** serve para aferir e controlar a temperatura dos preparos na confeitaria, garantindo a padronização do preparo final.

- **Balança:** ajuda a medir exatamente o peso (em quilogramas) dos insumos para a receita.
- **Peneiras**: devido ao trançado, retira os grumos dos produtos secos e ajuda a distribuir melhor os açúcares e confeitos sobre bolos e doces.
- **Rolo de massa:** utilizado para abrir massas e pastas de açúcar; ajuda a garantir espessura uniforme a massas e coberturas.
- **Microplane ralador:** é utilizado para criar, de forma rápida, as raspas de frutas cítricas.
- **Tapete de silicone:** é como um papel-manteiga eterno – feito de silicone, aceita alta (forno) e baixa (congelamento) temperaturas.
- **Folha antiaderente teflon:** funciona como um substituto para o ato de untar a forma; pode ir ao forno e ao freezer.
- **Aros:** ao assar, deixa a massa em um formato característico (redondo, quadrado). A diferença entre a forma e aro é que a forma tem o fundo.
- **Fôrma:** é usada para assar as massas e ajuda a manter o formato característico escolhido.
- **Zester:** tem como função retirar partes extremamente finas das frutas. Costuma ser usado para retirar a casca de frutas cítricas que depois serão utilizadas na decoração de doces.

Equipamentos

- **Aerógrafo:** auxilia a aplicar tintas comestíveis em bolos e doces de maneira uniforme, devido à pressão do compressor de ar.
- **Batedeira:** homogeneíza as massas e coberturas. Contém três adaptadores: o globo, cuja função é agregar ar; a raquete, que ajuda a obter cremes lisos; e o gancho, que serve para sovar massas.
- **Laminadora de pasta americana:** ajuda a abrir a pasta de açúcar de modo uniforme, controla a espessura e auxilia na sova.
- **Mixer:** emulsiona coberturas, recheios e caldas.
- **Panela mexedora:** é um equipamento que combina a função de cozinhar sobre o fogo e mexer por meio de uma pá elétrica que gira. Uma parte da panela fica sobre o fogo e a outra parte mexe constantemente as raquetes, fazendo um movimento circular, para obter uma textura lisa e não deixar queimar os recheios.
- **Forno:** é utilizado para cozinhar as massas; é necessário controlar a temperatura para garantir um resultado perfeito.

Higiene e manipulação dos alimentos

Ao trabalhar em um ambiente como a cozinha, você sabe que deve manter a boa higienização dos utensílios e alimentos, além de tomar todos os cuidados possíveis no momento da manipulação dos ingredientes e preparos prontos. Então, pense um pouco no que você costuma fazer para se adequar a essa necessidade: quais são as atitudes indicadas e contraindicadas? O que você já viu de errado e certo em lugares nos quais trabalhou? Qual é a sua rotina? E, como cliente, você consegue pensar em alguma situação desagradável? E você tem o costume de pensar na higiene dos locais que frequenta? Reflita um pouco sob esse ponto de vista e lembre-se de que sempre podemos melhorar a experiência dos nossos clientes!

Já parou para analisar que as cascas de legumes e frutas podem se transformar em um produto inovador do seu cardápio? E que isso agregará valor ao seu produto, além de contribuir para o meio ambiente? Sabia que os órgãos regulamentadores da área da alimentação têm um manual de boas práticas com o objetivo de otimizar recursos financeiros e sustentáveis?

Uma das principais diretrizes para trabalhar na produção alimentícia é seguir o manual de boas práticas de fabricação, garantindo o processo e preparo de um alimento seguro, saboroso, sustentável e rico em nutrientes.

Não seguir as boas práticas de manipulação dos alimentos pode trazer riscos à saúde do consumidor e causar algum tipo de contaminação, como as descritas a seguir:

- **Contaminação física:** quando há a presença de pedaços de objetos estranhos ao alimento, como cabelo, fragmentos de vidro, barba ou pedaços de plástico. Isso pode ocorrer durante a manipulação dos alimentos, o corte das embalagens ou por falta de higiene no ambiente.
- **Contaminação química:** acontece pelo contato dos alimentos com substâncias químicas indesejadas, como produtos de limpeza, detergente com cheiro, desinfetantes, inseticidas e outros químicos presentes em utensílios ou equipamentos.
- **Contaminação biológica:** ocorre com a presença de microrganismos patogênicos, como bactérias, fungos, vírus e parasitas, que podem causar doenças se os alimentos não forem devidamente cozidos, armazenados e/ou manuseados.
- **Contaminação cruzada:** acontece quando microrganismos patogênicos são transferidos entre alimentos, superfícies ou utensílios. Alguns fatores podem facilitar essa contaminação, como: não higienizar as mãos adequadamente após usar o banheiro; utilizar o celular dentro da cozinha; usar utensílios, como facas e placas de corte, para alimentos crus e depois para cozidos sem a devida limpeza entre os usos.

Para garantir um alimento seguro, é necessário manter a higiene do ambiente de produção para evitar a proliferação dos microrganismos e garantir maior *shelf life* (tempo de validade) dos preparos e não causar doenças transmitidas por alimentos (DTA).

O manual de boas práticas de manipulação dos alimentos explica alguns critérios exigidos por lei, como limpar e higienizar todos os ingredientes, equipamentos e utensílios, manter os alimentos refrigerados, de acordo com a necessidade, conservar os alimentos em locais adequados, conforme a orientação do fabricante, garantir a limpeza do ambiente e do manipulador, armazenar alimentos crus e cozidos separadamente e utilizar água potável e ingredientes seguros.

Para garantir a conformidade com esses procedimentos, é possível consultar a legislação e as normas vigentes por meio da Agência Nacional de Vigilância Sanitária (Anvisa) no âmbito federal; da Vigilância Sanitária nos âmbitos estadual e municipal; e do Ministério da Agricultura, Pecuária e Abastecimento.

A sustentabilidade na cozinha profissional é um pilar extremamente relevante destacado no manual de boas práticas de alimentos. Uma das recomendações é evitar o desperdício de água, por exemplo, ao não deixar torneiras abertas desnecessariamente. No Brasil, aproximadamente 40% da água potável captada para uso doméstico e industrial é desperdiçada, o que equivale a abastecer mais de 63 milhões de pessoas em um ano.

A gestão de resíduos é outro aspecto importante na cozinha profissional, já que a quantidade de lixo orgânico gerado durante o preparo dos alimentos, como cascas de legumes, ovos e verduras, é significativa. Lidar com esses resíduos de maneira sustentável é um desafio contínuo, exigindo práticas e hábitos que minimizem o impacto ambiental.

Para promover práticas sustentáveis na cozinha, devemos começar por ações básicas que podem ter resultados consideráveis. Um dos primeiros passos é a separação do lixo reciclável. Esse simples ato já contribui para a redução dos impactos ambientais.

Faça uma análise detalhada para identificar e categorizar quais tipos de resíduo são mais comuns e produzidos em maior quantidade. Isso ajudará a compreender melhor quais áreas precisam de mais atenção e quais melhorias podem ser feitas.

Você pode também utilizar o conceito do *trash cooking** (cozinha de aproveitamento). Por exemplo, ao preparar um bolo de banana, você pode higienizar e utilizar cascas em vez de descartá-las. Esse tipo de aproveitamento não apenas reduz o desperdício, mas também resulta em receitas inovadoras e interessantes.

Para planejar ou criar um cardápio, e consequentemente gerir o estoque, faça uma lista dos insumos obsoletos e priorize o uso dos ingredientes que já estão em estoque e próximos ao vencimento. Essa prática ajuda a reduzir o desperdício e garante uma organização eficiente.

Armazene e etiquete os alimentos corretamente. Utilizar recipientes adequados e rotular com data de validade, data de abertura e nome do produto ajuda a mantê-los frescos por mais tempo e reduz o risco de desperdício.

---

*   **Trash cooking** ou **cozinha de aproveitamento**: consiste em utilizar 100% dos insumos ou preparos, incluindo partes que seriam descartadas, tais como cascas e talos de verduras e legumes, ossos, caldos, etc. Na confeitaria, podemos pensar em usar a casca da abóbora como chips doce para finalizar sobremesas após fazer um doce de abóbora, ou fazer um bolo de pote com as aparas de um bolo montado.

Analisar as embalagens de serviço e transporte é um dos principais pilares da sustentabilidade. Dê preferência às embalagens biodegradáveis, feitas a partir de insumos como mandioca ou borra de café. Além de diminuir o impacto ambiental, elas agregam valor ao seu produto. Outra opção é usar embalagens que possam ser reutilizadas pelos clientes, como caixinhas de brigadeiro que podem se transformar em porta-joias ou bombons entregues em uma caneca.

A conscientização dos profissionais da área de alimentação é crucial; certifique-se de que todos os membros da equipe estejam informados e engajados nas práticas de sustentabilidade. A educação contínua ajuda a garantir que todos colaborem para uma cozinha mais eficiente e ambientalmente responsável, ajudando a criar efeitos positivos no meio ambiente.

Descrição dos principais ingredientes e suas funções

Agora que já pensamos no aproveitamento total dos ingredientes, você acredita que isso pode ajudar a despertar sua criatividade? Pense um pouco nas suas receitas preferidas. O que você mudaria se pudesse? E quanto às receitas que você não gosta tanto? Será que elas podem ser vistas como uma oportunidade de criar novos sabores? O que você mudaria? Você acredita que a escolha de ingredientes pode ajudar a inovar na confeitaria?

Você sabia que adaptar uma receita somente substituindo os ingredientes não é sinônimo de criatividade? Para ser criativo, é necessário compreender de forma técnica os insumos. A partir desse conhecimento, o processo criativo se torna fácil.

Um bom primeiro passo é entender de forma precisa os ingredientes, suas funções, propriedades estruturais, sabores e texturas, pois isso facilita a criação de receitas inovadoras. Vamos lá?

Farinha de trigo

A farinha de trigo é um pó fino produzido a partir da moagem dos grãos de trigo. Na confeitaria, é um ingrediente essencial que pode ser categorizado de diferentes formas; assim, é possível obter diferentes resultados, dependendo da receita, do tipo escolhido e da finalidade. A farinha branca, por exemplo, mais refinada e com baixo teor de proteína, é ideal para bolos e biscoitos leves.

Peneirar a farinha de trigo, além de ser extremamente cultural nas receitas, auxilia a quebrar os grumos, garantindo uma massa de textura mais suave e uniforme, além de ajudar a misturar melhor a farinha com outros ingredientes secos, como fermento e bicarbonato de sódio, distribuindo-os de modo mais equilibrado.

Açúcares

O açúcar granulado, que é o tipo mais comum, é refinado a partir da cana-de-açúcar ou da beterraba. O processo de refino remove impurezas e melaço, resultando em cristais brancos e finos.

O açúcar é um insumo muito utilizado na confeitaria para agregar sabor, textura, coloração e estruturação em massas e recheios. Cada tipo de açúcar resulta em diferentes texturas e sabores:

- **Açúcar demerara:** possui granulometria maior e cor âmbar. É menos refinado do que o açúcar granulado e tem um leve sabor caramelizado devido ao melaço extraído na primeira parte do refinamento. Além de ser considerado uma das opções mais saudáveis para o consumo, é ótimo para adicionar um sabor caramelizado aos preparos e confere crocância extra a biscoitos, cookies e brownies.

- **Açúcar cristal:** semelhante ao açúcar granulado/refinado, mas com cristais um pouco maiores. É usado para decoração e ajuda a deixar os bolos com texturas mais leves. Como sua granulometria é maior, o processo de derretimento e caramelização se torna mais lento. Ou seja, em uma massa de bolo, durante a cocção no forno, passará mais tempo em expansão e fermentação, o que resultará em um bolo mais fofo.
- **Açúcar granulado/refinado:** é o tipo mais usado na confeitaria para diversos preparos, como caramelos, brownies e bolos. De textura fina e cristalina, é ideal para a maioria das receitas que necessitam de cocção rápida ou de caramelização intensa, como cremes de caramelos, pudim, quindim, brownies, etc.
- **Açúcar mascavo:** tem sabor mais intenso e um toque de caramelo devido ao melaço em sua composição. Pode ser claro ou escuro e é usado para adicionar um sabor profundo e umidade extra em bolos, brownies e biscoitos.
- **Açúcar de confeiteiro e impalpável:** ambos são açúcares muito finos, quase em pó, frequentemente usados em glacês, coberturas e para preparo de pastas de açúcar. Dissolvem facilmente, proporcionando uma textura suave e sem grãos. A diferença entre os dois é que o açúcar de confeiteiro é 100% açúcar refinado diversas vezes até obter uma textura similar ao talco. Já o impalpável é o açúcar de confeiteiro com no mínimo 3% de amido de milho.

Manteiga

É um produto derivado do leite e obtido a partir da transformação do leite em creme e do batimento desse creme até que as gorduras se separem do soro. Algumas marcas convencionais adicionam urucum e sal para obter sabor e coloração, além de água (de 15% a 18%), para ganhar volume.

Normalmente, na área da confeitaria, utilizamos a manteiga sem sal, para que ela não influencie no sabor final do preparo.

Ovos

O ovo é um ingrediente fundamental na confeitaria. Uma unidade pesa cerca de 57 g e contém 11% de casca, 58% de clara e 31% de gema. Suas principais funções são:

1. **Emulsificação:** a lecitina presente na gema facilita a mistura de líquidos e gorduras, resultando em uma combinação suave e uniforme em cremes e recheios.
2. **Espessamento:** as proteínas dos ovos se solidificam durante o aquecimento, ajudando a engrossar cremes e recheios. A clara solidifica entre 62 °C e 65 °C, e a gema, entre 65 °C e 70 °C.
3. **Agente de volume:** ao bater as claras em neve, elas incorporam ar, o que auxilia no crescimento e na leveza de preparos como merengue, pão de ló e marshmallow.
4. **Coloração:** a gema agrega coloração a preparos como quindim, massas quebradiças, etc.

Fermento químico

O fermento químico é uma mistura de compostos alcalinos (como bicarbonato de sódio) e ácidos (como cremor tártaro ou fosfato ácido de cálcio). Muitas vezes, contém também um amido para evitar a umidade e a reação prematura.

Usar o fermento químico dá leveza e estruturação a muitos produtos de confeitaria, como bolos e biscoitos, além de auxiliar na validade dos preparos.

A partir do momento que o fermento químico é misturado com líquidos, o ácido e a base reagem entre si, produzindo gás carbônico. Este gás se forma em pequenas bolhas dentro da massa, fazendo com que ela se expanda e torne o preparo mais leve e fofo. Importante ressaltar que a quantidade correta deve ser usada para evitar sabores indesejados (sabor metalizado) e garantir que a massa cresça adequadamente.

No mercado, encontramos dois tipos de fermento químico: o de ação única/rápida, que reage com líquidos à temperatura ambiente, liberando gás imediatamente; e o de ação dupla. Este possui dois ácidos, um reage com líquidos e o outro, com o calor, fazendo a massa crescer em duas fases: 30% durante a mistura e 70% durante o cozimento no forno.

Gordura vegetal hidrogenada

A gordura vegetal é produzida a partir de óleo vegetal hidrogenado e é muito utilizada na confeitaria para a produção de pastas de açúcares e coberturas.

Carboximetilcelulose (CMC)

A carboximetilcelulose é comercializada nas lojas de confeitaria e muito usada como espessante para proporcionar estabilidade às preparações e preservar a umidade. Por exemplo: ao modelar a pasta de açúcar, você pode adicionar uma pequena quantidade de CMC para ajudar a manter a umidade da pasta e a formar a estrutura das esculturas, além de auxiliar como cola para as peças de açúcar.

Ácido cítrico

Ele tem uma textura leve e fina, como um açúcar refinado, e é extraído organicamente a partir de frutas cítricas. Esse ácido ajuda na conservação natural dos alimentos, pois previne o crescimento e a multiplicação de microrganismos e bactérias que causam sua decomposição. O ácido cítrico também ajusta o pH de alimentos ácidos e auxilia na redução do nível de doçura de certos doces.

Corantes alimentícios

Corantes alimentícios são ingredientes adicionados aos preparos de confeitaria para alterar ou intensificar sua cor. Eles podem ser naturais ou artificiais e são usados para realçar a coloração e a aparência dos produtos, tornando-os mais atraentes, ou para criar cores específicas.

Os corantes alimentícios precisam ser utilizados com moderação para evitar riscos à saúde (seguindo sempre as dosagens recomendadas nas embalagens). Para evitar sabores metálicos indesejados, utilize a menor quantidade possível nos preparos. Em coberturas gordurosas, como chantilly, deixe a mistura descansar por cerca de 30 minutos para intensificar a cor, ou emulsione com o auxílio de um mixer de mão. Em coberturas à base de açúcar, não permita a exposição prolongada à luz artificial, pois isso pode desbotar o corante.

Podemos encontrar no mercado alguns tipos de corante alimentício, como:

1. **Corantes naturais:** derivados de fontes vegetais ou minerais, como betacaroteno e cúrcuma.
2. **Corantes hidrossolúveis:** solúveis em água e disponíveis em gel, pó ou pasta; usados em chantilly e massas de bolo.
3. **Corantes lipossolúveis:** solúveis em gordura; adequados para chocolates e coberturas à base de gordura, como chantilly.
4. **Corante dióxido de titânio:** corante branco; utilizado em chocolates, acabamentos de bolos e peças de açúcar.
5. **Corantes metalizados:** disponíveis em cores como bronze e prateado; usados para pintar superfícies, diluídos em álcool de cereais.
6. **Corante pó aveludado:** utilizado para acabamentos em decorações comestíveis, como em peças de açúcar e bolos.

Gelatina

Inicialmente usada como cola e também como fonte de proteína no século XIX, a gelatina ainda teve papel na fotografia, com placas de emulsão. Na culinária, foi patenteada em 1845 para preparar sobremesas.

Sua finalidade é proporcionar uma textura firme para recheios, cremes e mousses, com seu poder de gelificação medido pelo "bloom", que indica a força da gelatina em manter a consistência após gelar e solidificar.

É encontrada no mercado em pó e em folha, e o poder de gelificação das duas é o mesmo, porém o método de preparo é diferente. Para a gelatina em pó, cada 10 g de gelatina, ou seja, um pacote, são dissolvidos em nuvem sobre 50 g de água; depois, é só aquecer e utilizar. Para a gelatina em folha, basta mergulhar as folhas de gelatina em um refratário com água, deixar por 10 segundos ou até amolecer, verter para um pote, levar para aquecer por 10 segundos e utilizar nos preparos.

Fichas técnicas

Precificação é uma dúvida constante na confeitaria. Já imaginou vender um produto com valor abaixo do mercado e acabar tendo prejuízo? Você acredita que está contemplando todos os indicadores necessários para uma devida precificação? Uma ficha técnica de precificação pode ajudar muito nesse sentido e garantir resultados constantes para o seu negócio.

A ficha técnica é uma ferramenta essencial para garantir eficiência, consistência e qualidade na cozinha. Ela auxilia na padronização das medidas, no preço dos produtos, no controle de qualidade dos preparos, no custo dos doces e estabelece, de forma objetiva, o modo de preparo.

Criar uma ficha técnica de precificação para confeitaria envolve detalhar todos os custos associados à produção de um item e calcular o preço final de venda. A seguir, veja os passos para elaborar uma ficha técnica eficaz.

1. Identificação do produto

- **Nome da preparação:** identifica o preparo a ser feito; por exemplo, "Bolo de banana".

- **Descrição:** inclua aqui uma breve descrição, se necessário, como "500 gramas cada camada".

2. Quantidades e ingredientes

Liste todos os ingredientes utilizados, incluindo suas quantidades e unidades de medida.

Exemplo:

- 200 g de farinha de trigo
- 100 g de cacau em pó
- 150 mL de leite integral

3. Custo dos ingredientes

Calcule o custo individual de cada ingrediente com base na quantidade total comprada, no valor dessa quantidade e na quantidade usada do ingrediente, fazendo regra de três.

Exemplo:

Farinha de trigo
1000 g custa R$5,00

Na receita, serão utilizados 200 g. Então:

1000 g – 5
200 g – x
1000 x = 200. 5
1000 x = 1000
x= 1000/1000
x = $ 1,00

O custo de 200 g de farinha de trigo será de R$ 1,00.

4. Custo total dos ingredientes

Some os custos individuais para obter o custo total dos ingredientes para a receita.

Exemplo:

Farinha de trigo: R$ 1,00 +
Açucar refinado: R$ 1,00 +
Ovos: R$ 0,30
Total: R$ 2,30

5. Custos adicionais e fixos

Inclua outros custos relacionados (como energia elétrica, gás, conta de internet, etc.) de forma proporcional com o seu tempo de trabalho na cozinha.

Exemplo:

Suas despesas fixas no mês:

Energia elétrica: R$ 200,00
Gás: R$ 100,00
Água: R$ 100,00
Internet: R$ 100,00
Aluguel: R$ 800,00
Total de custos fixos: R$ 1.300,00

Após esses cálculos, faça uma planilha à parte com seus dias efetivos trabalhados no mês. Por exemplo:

Segunda	Terça	Quarta	Quinta	Sexta	Sábado	Domingo
Dia 01 – Descanso	Dia 02 – Horário: De 08:00 até 12:00	Dia 03 – Horário: De 08:00 até 12:00	Dia 04 – Horário: De 08:00 até 12:00	Dia 05 – Horário: De 08:00 até 12:00	Dia 06 – Horário: De 08:00 até 12:00	Dia 07 – Descanso
Dia 08 – Descanso	Dia 09 – Horário: De 08:00 até 12:00	Dia 10 – Horário: De 08:00 até 12:00	Dia 11 – Horário: De 08:00 até 12:00	Dia 12 – Horário: De 08:00 até 12:00	Dia 13 – Horário: De 08:00 até 12:00	Dia 14 – Descanso
Dia 15 – Descanso	Dia 16 – Horário: De 08:00 até 12:00	Dia 17 – Horário: De 08:00 até 12:00	Dia 18 – Horário: De 08:00 até 12:00	Dia 19 – Horário: De 08:00 até 12:00	Dia 20 – Horário: De 08:00 até 12:00	Dia 21 – Descanso
Dia 22 – Descanso	Dia 23 – Horário: De 08:00 até 12:00	Dia 24 – Horário: De 08:00 até 12:00	Dia 25 – Horário: De 08:00 até 12:00	Dia 26 – Horário: De 08:00 até 12:00	Dia 27 – Horário: De 08:00 até 12:00	Dia 28 – Descanso
Dia 29 – Descanso	Dia 30 – Horário: De 08:00 até 12:00					

Após montar a planilha com os dias efetivos e os horários de trabalho, faça a conversão dos horários para minutos, pois isso pode ajudar nos cálculos mais à frente:

> 1 hora tem 60 minutos. Se cada dia terá 4 horas de trabalho, serão 240 minutos trabalhados por dia.

A partir dessas informações, é necessário fazer a proporção de tempo trabalhado em relação ao custo fixo total do mês; assim, saberemos o custo fixo da receita. Por exemplo:

> 1 bolo de maçã leva em média 60 minutos para ser feito, contando a higienização, o preparo e a cocção. Pelos valores apresentados, nosso custo fixo total é de R$ 1.300,00. Então, para fazermos o cálculo, temos que começar dividindo o valor total do custo fixo por 21 dias trabalhados:
>
> 1.300,00 / 21 = R$ 61,90 de custo fixo por dia.

Em seguida, vamos dividir esse valor pelas horas trabalhadas por dia (4 horas por dia ou 240 minutos):

> 64,90/ 4 (horas) = R$ 15,47

Sendo assim, descobrimos que R$ 15,47 é o valor dos custos fixos para o bolo de maçã.

6. Custo total de produção

Some os custos dos ingredientes, os custos adicionais e os custos fixos.

> Custo total dos ingredientes:
> R$ 2,30 +
> Custos adicionais e fixos: R$ 15,45
> Total: R$ 17,75.

7. Margem de lucro

Determine a margem de lucro desejada (geralmente uma porcentagem do custo total de produção).

> Exemplo: margem de lucro de 50%

8. Preço de venda

Calcule o preço de venda adicionando a margem de lucro ao custo total de produção.

> Custo total de produção: R$ 17,75
> + 50% de lucro = R$ 26,62.

Modelo

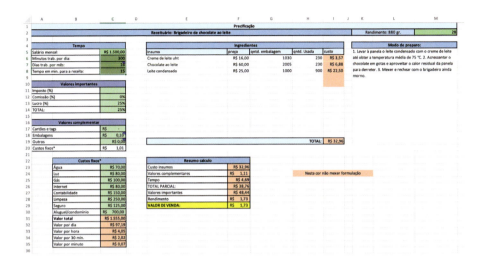

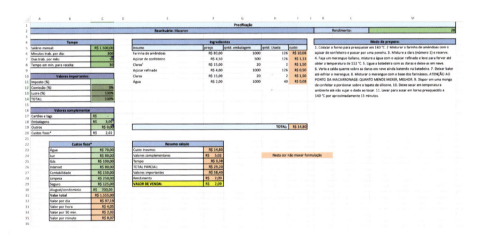

Dica

Você pode fazer o download desse modelo de ficha técnica acessando o QRCode ao lado. →

Produções de cake design

Você sabe a diferença entre um confeiteiro, um boleiro e um cake designer?

Confeiteiro é o profissional responsável por fazer doces, massa folhada, tortas e bolos em geral. O boleiro tem o trabalho personalizado e atua de forma pontual: o cliente pede uma encomenda e ele faz, mas sua especialidade, normalmente, é o cardápio tradicional. O cake designer faz parte de um nicho da confeitaria: é o profissional que desenvolve massa, recheio e coberturas diferentes das tradicionais e tem características artísticas na decoração do bolo. O cake designer desenvolve a criatividade para a estética ser diferente das clássicas e trabalha com composição de cores, modelagens e flores de açúcar, por exemplo.

Explicando um pouco mais a diferença entre boleiro e cake designer: o boleiro, ao receber a encomenda de um bolo floresta negra, por exemplo, fará uma decoração mais tradicional, com raspas de chocolate ao redor e cerejas em cima. Já o cake designer deverá trabalhar com uma roupagem diferente, com fitas de chocolate, cerejas mergulhadas no chocolate ou um drip cake (gotas de chocolate) ao redor no topo do bolo. A criatividade sempre deve ser a sua marca.

MASSAS

A estrutura dos bolos é um fator importante para o cake designer, tão importante quanto a decoração. Ela ajuda a garantir a segurança do bolo durante o transporte e a assegurar que tudo funcionará bem quando o cliente cortar o bolo, por exemplo. Sendo assim, entender sobre a estrutura das massas é fundamental, até mesmo porque uma massa sem estrutura corre o risco de danificar a decoração externa, ceder durante o transporte e/ou não harmonizar com o sabor do bolo.

A massa do bolo pão de ló é extremamente fofa, com textura similar à de uma esponja. Esse tipo de massa absorve bastante calda e é perfeita para os bolos gelados e com recheios leves. Já a massa amanteigada é mais estruturada, ideal para trabalhar com bolos de andares, com bolos que ficarão expostos por muito tempo fora de refrigeração, como os que utilizam pasta americana, ou bolos temáticos de festa. Por ser mais densa, a massa amanteigada é ideal para a utilização de recheios firmes, como aqueles com base de ganache ou brigadeiro.

Rechear uma massa fofa, como um pão de ló, com ganache é garantia de que o bolo não ficará tão estruturado. O recheio denso vai pesar sobre a massa, o que acarretará alguns fatores negativos, como: a massa vai se comprimir, o que esteticamente vai dar a impressão de que ela não foi devidamente assada (aspecto de massa "embatumada"); e, ao transportar o bolo, há o risco de abaulamento* das laterais, pois a massa vai ceder, e o recheio pode vazar pelas laterais do bolo.

Como o pão de ló é uma massa muito fofa, é necessário acrescentar mais calda em comparação com a amanteigada. Somando isso ao recheio mais denso, teremos como resultado que o peso vai pressionar a massa fofa e molhada de calda e, consequentemente, a calda vai vazar para fora do bolo. A massa pão de ló é como uma esponja de lavar louça molhada: se colocarmos um peso sobre ela, o líquido vai vazar para as laterais.

O mesmo tipo de pensamento vale para as massas amanteigadas. Porém, nesse caso, como o maior peso vem da própria massa, o recheio deve ser mais denso também, para que seja possível garantir uma boa estrutura. Essa massa contém manteiga (como o pró-

---

*   **Abaulamento:** é quando se forma uma "barriga" ou desnível no bolo, que fica torto. Nesse caso, estamos falando de um desnível na lateral do bolo.

prio nome diz) e, normalmente, uma quantidade grande de açúcar refinado, o que a torna mais pesada e estruturada (por esse motivo, você não deve diminuir a quantidade de açúcar que contém na receita). Caso utilizemos como recheio mousse ou outras opções bem leves, a massa vai pesar sobre este recheio e pressioná-lo, o que fará com que ele vaze pelas laterais, provocando abaulamento. Além disso, há o risco de o bolo se desestruturar durante o transporte.

Assim, devemos utilizar massas leves com recheios leves e massas pesadas com recheios densos e pesados. Ou seja: para rechear um pão de ló, a melhor opção é usar uma mousse ou outra opção leve; já para uma massa amanteigada, podemos usar ganache, brigadeiro e outras opções mais densas. Seguindo essa primeira orientação, já é possível assegurar uma boa estrutura primária ao bolo.

> MASSAS <
Amanteigada

Ingredientes	Quantidade	Possíveis substituições
Manteiga sem sal	200 g	–
Açúcar cristal	250 g	50% por açúcar mascavo
Ovo	5 unidades	–
Leite morno	70 g	100% por suco natural concentrado
Farinha de trigo	180 g	30% por outros farináceos*
Fermento em pó	10 g	–

* Farinha de amêndoas, amendoim, coco, beterraba, chocolate em pó, etc.

Como já dissemos, os bolos amanteigados possuem uma boa estrutura – mantendo, é claro, a maciez característica. Alguns pontos precisam ser levados em conta no momento de fazer o bolo, como a qualidade e temperatura da manteiga: é importante priorizar o uso da manteiga sem sal e, ao ler o rótulo da manteiga, comprar sempre aquela com uma quantidade ínfima de ingredientes.

Há, ainda, vários outros fatores que fazem diferença na sua receita, como:
- adicionar os ovos aos poucos para facilitar a homogeneização da massa;
- peneirar a farinha de trigo ao acrescentá-la à massa para quebrar os grumos e promover aeração. Isso também auxilia na hidratação da farinha de trigo em contato com o líquido.

A técnica de preparo da massa amanteigada feita pelo método reverso é projetada para inibir a formação do glúten e garantir um bolo macio. A manteiga derretida impermeabiliza a farinha de trigo, dificultando a formação do glúten.

Você sabia?

A massa amanteigada pode ser feita de duas formas: pelo método tradicional (cremoso clássico) e pelo método reverso. O método reverso consiste em três passos: de início, misture todos os ingredientes secos na batedeira com o globo; em seguida, acrescente a manteiga derretida fria; por fim, adicione os líquidos da receita. No método cremoso clássico, é necessário primeiramente bater a manteiga com açúcar, depois acrescentar os ovos e líquidos e por último os secos.

De cima para baixo: massa amanteigada feita pelo método tradicional (cremoso) e massa amanteigada feita pelo método reverso.

> MASSAS / AMANTEIGADA <

Modo de preparo:

1. Preaqueça o forno a 180 °C.
2. Separe dois aros ou formas de 15 cm x 5 cm.
3. Derreta a manteiga e deixe amornar.
4. Separadamente, misture todos os líquidos da receita.
5. Adicione todos os secos na batedeira e misture na velocidade 1.
6. Acrescente a manteiga derretida morna e, em seguida, de uma só vez, os líquidos.
7. Bata até obter uma massa homogênea.
8. Despeje a massa em 2 aros ou formas de 15 cm x 5 cm de altura, colocando 400 g em cada.
9. Leve para o forno preaquecido a 180 °C por cerca de 30 minutos.
10. Verifique se o bolo está pronto por meio do método do toque ou palito: espete um palito no bolo e retire no mesmo momento; caso o palito saia limpo, o bolo está pronto.
11. Retire do forno e espere amornar antes de desenformar.

Saborização:

1. Adicione pasta saborizante diluída nos líquidos da receita – lembrando sempre de utilizar a quantidade de acordo com o que o fabricante orienta.
2. Saborize o leite da receita com ervas frescas ou secas, leve para ferver com a especiaria, coe e utilize o leite aromatizado.
3. Acrescente, ao final, oleaginosas trituradas, granulados ou outros insumos para agregar sabor e crocância para a massa; use 10% do peso total da receita.

Dicas

Ao retirar do forno, pode haver uma "barriga" ou "topo" no bolo, devido à cocção (chamamos isso também de abaulamento). Caso tenha acontecido, desenforme o bolo ainda morno e deixe-o esfriar de ponta-cabeça. O peso da massa e o calor farão com que o bolo fique nivelado.

> MASSAS <

Pão de ló estabilizado

Ingredientes	Quantidade	Possíveis substituições
Farinha de trigo	170 g	30% por outro farináceo*
Açúcar refinado	170 g	30% por mel
Ovos	3 unidades	100% aquafaba
Fermento químico	10 g	–
Leite integral	120 mL	100% leite de origem vegetal**

*Farinha de amêndoas, farinha de amendoim, chocolate em pó, beterraba, etc.
** Leite de aveia, amêndoas, coco, soja, etc.

Para fazer o pão de ló, devemos utilizar o método espumoso, ou seja, é necessário adicionar claras em neve, que promovem a aeração da massa e dão a ela uma característica leve. A adição de outros ingredientes, como leite e fermento (juntamente com os ovos, a farinha e o açúcar da receita de pão de ló clássico), garante uma estrutura e shelf life *(validade) melhor para o bolo, além de agregar sabor e leveza, devido à gordura do leite.*

Modo de preparo:

1. Preaqueça o forno a 180 °C.
2. Coloque uma folha de papel manteiga ao fundo de 2 formas de 15 cm x 5 cm. Não unte as laterais da forma.
3. Em uma batedeira, bata os ovos inteiros até que aumentem três vezes de volume.
4. Aos poucos, pulverize os ovos com açúcar refinado e deixe bater por mais 1 minuto.
5. Diminua a velocidade da batedeira e acrescente o leite em fio, em temperatura ambiente.
6. Desligue a batedeira e adicione aos poucos a farinha de trigo peneirada com o fermento químico.
7. Distribua a massa por igual nas duas formas, leve ao forno e deixe assar por aproximadamente 20 minutos ou até que você consiga espetar um palito e vê-lo sair limpo.
8. Retire do forno e deixe esfriar antes de desenformar.

Saborização:

1. Como a massa contém fermento e gordura do leite, é mais estável, possibilitando o acréscimo de 60 g de outros elementos, como oleaginosas bem picadas, granulado, coco seco ralado, etc.
2. Para saborizar com especiarias, leve o leite para aquecer com cravo, canela, cardamomo, gengibre, etc. Deixe o leite esfriar, coe e utilize o leite aromatizado para o preparo da massa.

Dicas

1. Para todos os bolos, utilize sempre os ingredientes em temperatura ambiente.
2. Acrescente o leite em fio; isso auxilia na emulsão do leite aos ovos sem perda de volume ou alteração da estrutura.
3. Acrescente cremor de tártaro na quantidade de 1% do peso total dos ovos da receita para estabilizar os ovos em neve.

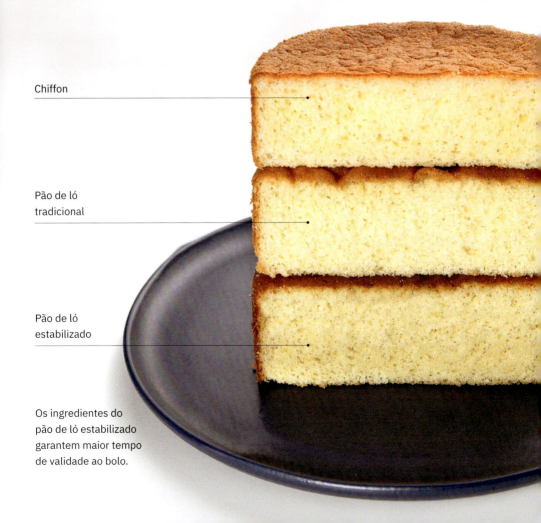

Chiffon

Pão de ló tradicional

Pão de ló estabilizado

Os ingredientes do pão de ló estabilizado garantem maior tempo de validade ao bolo.

RECHEIOS

A escolha do recheio impacta na estrutura interna do bolo. Uma estrutura malfeita pode acarretar abaulamentos nas laterais e na cobertura, deixar a calda vazar e danificar a decoração durante o transporte do bolo. E como podemos garantir que nada disso ocorra?

Como já citamos no decorrer deste livro, devemos priorizar a utilização de massas leves para recheios leves (pão de ló com recheio de mousse, por exemplo) e usar massas densas e pesadas para recheios densos (massa amanteigada com recheio de brigadeiro).

Assim, é importante entender a técnica de preparo dos recheios bases e, a partir deles, saborizar a receita da forma desejada, garantindo uma estrutura adequada para a parte interna do bolo.

> RECHEIOS <

Ganaches

	Chocolate	Creme de leite	Líquido*
Chocolate branco 35%	500 g	180 g	100 g
Chocolate ao leite 40%	500 g	300 g	120 g
Chocolate amargo 70%	500 g	500 g	180 g

* Líquido: leite, água ou suco de frutas *in natura*.

Ganache é a mistura de chocolate com líquido. Popularmente, utiliza-se creme de leite, mas pode ser água, suco de frutas ou outro tipo de leite. Para fazer uma ganache, é necessário emulsionar água com gordura, resultando em um creme com brilho e de textura cremosa. Não existe uma receita padrão de ganache, a proporção dos ingredientes é relativa à quantidade de chocolate e líquido contida na receita; o tipo de gordura (creme de leite UHT, fresco ou lata); o tipo de chocolate (branco, ao leite ou meio amargo) e seu objetivo de uso – se vai rechear, moldar, cobrir, etc. Para garantir a perfeita emulsão, é necessário realizar a mistura com um mixer ou processador até atingir a temperatura média de 27 °C ou 28 °C.

Modo de preparo das ganaches:

1. Aqueça o chocolate no micro-ondas de 30 em 30 segundos.
2. Verta o creme de leite sobre o chocolate derretido e emulsione com o auxílio de um mixer até atingir a temperatura média de 30 °C.
3. Deixe descansar por, no mínimo, 6 horas com plástico filme em contato e fora de refrigeração.
4. Aplique em uma manga de confeitar e utilize como preferir.

Dicas

1. Enquanto o chocolate derrete no micro-ondas, é necessário mexê-lo com uma espátula para dissipar o calor e evitar que ele fique queimado.
2. Outro método de preparo é aquecer o creme de leite (fresco ou em lata) em uma panela e verter o chocolate com o creme ainda quente; a temperatura alta vai ajudar a derreter o chocolate.
3. Faça o método de saborização por infusão: leve o creme de leite para aquecer, no fogo ou micro-ondas, com especiarias secas ou frescas e deixe infusionar; depois, é só coar e misturar o creme de leite aromatizado ao chocolate.
4. Para aromatizar com bebida alcoólica, adicione a bebida escolhida em quantidade de 8% a 10% do total da ganache.
5. Temperatura de derretimento: atenção! Verifique sempre a temperatura indicada pelo fabricante para derreter o chocolate; elevar a temperatura além do sugerido pode queimar o ingrediente.
6. Utilize sempre o creme de leite em temperatura ambiente ou levemente aquecido para não ocorrer um choque térmico.
7. Adicione 30 g de mel ou glucose derretida na ganache no momento de emulsionar para agregar uma textura maleável e retardar o processo de cristalização.
8. Para fazer ganache de caramelo, leve o chocolate branco ao forno preaquecido a 150 °C em uma assadeira com tapete de silicone. Mexa constantemente até obter uma cor caramelizada. Após algum tempo, em temperatura ambiente, esse caramelo deve endurecer; então, basta derretê-lo novamente e fazer o modo de preparo indicado na receita. Para finalizar, acrescente uma pitada de sal; assim, você terá o recheio de caramelo e flor de sal.

Ganache de chocolate
meio amargo

Ganache de chocolate
ao leite

Ganache de chocolate
branco

> RECHEIOS <

Brigadeiro

Ingredientes	Quantidade
Chocolate nobre (branco, ao leite ou meio amargo)	100 g
Leite condensado	395 g
Creme de leite fresco	100 g
Cacau em pó 100% ou leite em pó	20 g
Sal	0,5 g

Brigadeiro: um doce típico brasileiro e com alta demanda nos recheios de bolos. Sua composição de leite condensado, chocolate e gordura precisa ser balanceada de forma correta para garantir uma perfeita estrutura ao rechear e não ficar extremamente doce no bolo. Utilizar ingredientes de qualidade garante melhor estrutura e sabor. É fundamental utilizar sempre leite condensado integral ou semidesnatado para garantir a cremosidade adequada para rechear o bolo. Se utilizar o semidesnatado, o ideal é aumentar a quantidade de gordura do brigadeiro para conferir melhor cremosidade, brilho e sabor. Quanto mais gorduroso, mais saboroso, por isso manter a porcentagem adequada de gordura é fundamental. Se utilizar o creme de leite UHT de 17% de gordura, complete a receita com 20 gramas de manteiga.

Modo de preparo:

1. Faça o *mise en place*.
2. Em uma panela, coloque o leite condensado, o creme de leite fresco e o cacau em pó e o sal peneirados.
3. Mexa antes de levar ao fogo e cozinhe até obter o ponto de brigadeiro para rechear (em média, de 72 °C a 78 °C). Em seguida, acrescente o chocolate nobre e mexa bem.
4. Despeje em um recipiente, cubra com plástico em contato e deixe esfriar.

Dicas

1. Saborize o brigadeiro pelo método de adição: ao final, adicione até 60 g de castanhas, chocolates, pastas de oleaginosas, etc.
2. Saborize pelo método de infusão: leve o creme de leite (fresco ou lata) para ferver com o sabor específico. Assim que ferver, desligue e deixe descansar abafado, com uma tampa, por cerca de 10 minutos. Utilize esse creme para a receita.
3. Se for utilizar insumos cítricos para saborizar, faça a base do brigadeiro no ponto para enrolar (83 °C), deixe-o esfriar e, depois de frio, adicione os ingredientes cítricos para não correr o risco de talhar a massa.
4. Não pare de mexer quando a massa estiver no fogo. O processo de homogeneização é extremamente importante para obter o ponto cremoso.
5. A função do sal é realçar o sabor.
6. Para saborizar com bebida alcoólica, separe uma quantidade de bebida equivalente a 10% do total da receita e adicione junto ao leite condensado, ou seja, no início.

Brigadeiro é uma opção bastante popular em recheios de bolo.

> RECHEIOS <

Frutas: redução

Ingredientes	Quantidade
Fruta ou polpa	400 g
Açúcar refinado	80 g
Raspas de frutas cítricas	0,5 g

Utilizar frutas in natura no recheio diminui a validade do bolo. Então, a melhor opção é utilizar a redução da fruta. Atenção: a redução da fruta não é igual a uma geleia. Para ser geleia, é necessário que o produto tenha no mínimo 60% de açúcar, pectina e ácido. Caso você use apenas geleia para rechear o bolo, ele ficará muito doce. Toda fruta contém frutose, que é "açúcar natural". Para a redução, além da fruta ou polpa, acrescentamos uma pequena dosagem de açúcar, o que resultará em um equilíbrio melhor do sabor.

Modo de preparo:

1. Faça o *mise en place*.
2. Coloque as frutas e o açúcar em uma panela, misture e leve ao fogo baixo, mexendo sempre.
3. Assim que atingir uma textura pastosa, retire do fogo e deixe esfriar; use essa receita para rechear bolos.

Dicas

1. Combine duas frutas para fazer sabores mistos. Por exemplo: morango e kiwi; maracujá e manga; etc.
2. Adicione especiarias secas ou frescas à redução, como cardamomo e hortelã, por exemplo, sem esquecer de retirá-las ao final. Como essas especiarias têm sabores frescos, a tendência é que elas diminuam o teor de doçura do bolo.

Redução de frutas é uma boa opção para recheios e para aumentar a *shelf life* do bolo.

> RECHEIOS <
Calda

Ingredientes	Quantidade
Açúcar refinado	100 g
Água	200 g

Culturalmente, muitos confeiteiros usavam refrigerante sabor guaraná como calda para bolos: eles deixavam todo o gás sair do refrigerante e utilizavam a bebida para umedecer a massa. O refrigerante é líquido, doce e tem conservantes, ou seja, era ideal para essa finalidade e não havia o risco de "azedar" o bolo. Outra opção comum é cozinhar uma calda específica para o bolo. Aqui, é importante destacar: umedecer o bolo com líquidos que não passaram por cocção faz com que o produto tenha a validade reduzida; por isso, devemos sempre levar esses líquidos ao fogo antes de usá-los no nosso bolo.
O açúcar diluído em água ou puro é base para muitos preparos na confeitaria e, dependendo da temperatura, pode alterar a textura do preparo final. O tempo de cozimento e diluição vai depender do tipo de açúcar empregado.

Modo de preparo:

1. Misture o açúcar e a água em uma panela e leve ao fogo até atingir a textura e temperatura desejadas.

Dicas

1. Não mexa a calda com utensílios (espátula, faca, garfo) durante o processo de cocção para não cristalizá-la.
2. Caso perceba que algum ponto de açúcar na lateral da panela está queimando, utilize um pincel com água para derretê-lo e não amargar a calda.
3. Utilize especiarias frescas ou secas na calda para saborizá-la. Primeiro, aromatize a água da preparação e, depois, faça a calda com a água aromatizada.
4. Acrescente raspas de limão ou gotas de suco para reduzir o teor de doçura.
5. Saborize de acordo com a massa e o recheio. Se o bolo for de chocolate, por exemplo, acrescente 20 g (10% da quantidade de água) de chocolate em pó. O bolo de chocolate deve ser umedecido com calda de chocolate.

Você pode saborizar sua calda de açúcar com especiarias secas e frescas.

COBERTURAS

Antes de pensar na cobertura, peça sempre um briefing do evento, com informações sobre o local e a temperatura ambiente – que, por sinal, impacta 100% na durabilidade e na estruturação do bolo e da decoração.

O bolo normalmente ficará fora de refrigeração pelo período da festa ou evento, pois ele faz parte da decoração da mesa, juntamente com os doces. Assim, é importante analisar coberturas que resistem a temperaturas diversas e que não corram o risco de cair, derreter ou desmanchar durante o evento.

As coberturas mais utilizadas hoje em dia são: ganache, "chantininho" (chantilly com leite em pó), creme de manteiga e pasta americana. Cada uma tem sua característica de sabor e textura para complementar a massa e o recheio do bolo, e cada tipo de cobertura possibilita resultados e decorações diferentes, de espatulados a modelagens.

> COBERTURAS <

Chantilly estabilizado saborizado

Ingredientes	Quantidade
Chantilly UHT vegetal gelado	500 g
Leite integral em pó	30 g
Pó para glacê real	10 g
Leite condensado	30 g

Existem três tipos de creme que resultam em chantilly.

O primeiro foi criado pelo cozinheiro Fritz Carl Vatel, quando ele notou que, na região de Chantilly, na França, o leite era extremamente gorduroso. Ele teve a ideia de bater o leite até obter uma pasta aerada e, como forma de homenagear a cidade, colocou o nome do creme de chantilly. Hoje, esse processo é feito com o creme de leite fresco pasteurizado, que deve ser levado bem gelado para a batedeira e batido com o globo. O creme tem um sabor incrível, mas pouca durabilidade e, em contato com o calor, pode derreter.

O chantilly saborizado com leite em pó se tornou popular no mercado há cerca de cinco anos. Feito à base do creme vegetal UHT para chantilly, é misturado com leite em pó, leite condensado e pó para glacê real, o que garante estrutura e cremosidade. O resultado é um creme saboroso e estável para diversas decorações; além disso, entre todas as coberturas, é uma opção de baixo custo.

O creme ice é novidade no mercado: de origem vegetal, é vendido congelado e traz praticidade, pois basta levar para a batedeira; não é necessário adicionar nenhum outro insumo para o preparo. Assim que atingir a textura de merengue (ponto de pico mole), está pronto. Diferente do chantilly UHT, o ice fica liso assim que termina de bater, já vem saborizado e não precisa hidratar com leite condensado.

> COBERTURAS / CHANTILLY ESTABILIZADO SABORIZADO <

Modo de preparo:
1. Faça o *mise en place*.
2. Adicione o chantilly, o leite em pó e o pó para glacê real no bowl/tigela da batedeira.
3. Bata na velocidade média até o volume triplicar e você notar que se forma um "buraco" no centro do creme ao levantar o globo da batedeira.
4. Desligue a batedeira e troque o globo pela raquete.
5. Ligue a batedeira e adicione o leite condensado aos poucos, até obter uma textura lisa e o creme ficar hidratado. A quantidade de leite condensado pode variar, dependendo da marca do creme chantilly.
6. Armazene refrigerado.

Dicas

1. Não congele o chantilly vegetal ainda líquido, como vem na caixinha. Se você precisar armazená-lo congelado, será necessário bater o chantilly até obter o ponto aerado. Depois, basta descongelar e bater novamente antes do uso.
2. Para obter textura e volume adequados, é necessário que o creme UHT esteja gelado ao ser batido.
3. O leite em pó pode ser substituído por cacau em pó.
4. A função do pó para glacê real é estabilizar o chantilly. O pó para glacê real é feito à base de açúcar impalpável, que contém amido de milho. Ou seja, adicionar o pó no chantilly auxilia na secagem na parte externa do creme (que fica em contato com o ar), garantindo mais segurança no transporte do bolo decorado.
5. A quantidade de leite condensado pode variar de acordo com a marca de chantilly. O ideal é adicionar o leite condensado na hidratação aos poucos, até obter um creme liso e sem bolhas de ar.

Chantilly é um preparo versátil, que pode ser usado em diversas receitas.

> COBERTURAS <

Creme de manteiga

O buttercream, ou creme de manteiga, é bastante popular nos Estados Unidos. É feito à base de merengue (clássico) ou chantilly vegetal UHT com adição de manteiga, que confere uma textura aerada e sabor intenso.

Para o creme à base de merengue, é importante escolher o tipo correto. Há três tipos de merengue: o francês, o suíço e o italiano. Todo merengue é feito à base de clara de ovo, açúcar e um ingrediente cítrico; as diferenças entre eles são a técnica de preparo, a durabilidade, a textura e o brilho.

O merengue francês é considerado um creme cru, pois as claras de ovo não são levadas para cocção, o que pode trazer o risco de contaminação por salmonela (uma bactéria que pode estar presente nos ovos crus). Por isso esse tipo de merengue deve ser utilizado somente em preparos que serão cozidos, como bolos, suspiros, etc. O modo de preparo desse merengue é simples: basta levar as claras para aerar e adicionar o açúcar.

O merengue italiano é um creme cozido, feito à base de claras, açúcar e ácido. Para fazê-lo, é necessário levar as claras para a batedeira e bater até atingir o ponto de neve. Em seguida, devemos adicionar a calda de açúcar a 115 °C em fio; consequentemente, esta temperatura elevada vai cozinhar as claras. O resultado será um merengue leve e volumoso, mas com validade curta.

O merengue suíço também é feito à base de claras, açúcar e ácido. No entanto, para essa receita, você deve misturar as claras com o açúcar em uma panela e levar para cozinhar em fogo baixo, mexendo sem parar até atingir cerca de 60 °C, ou até que todos os grânulos de açúcar se diluam. Em seguida, verta esse preparo no bowl/tigela da batedeira e deixe bater até obter um creme volumoso, brilhoso e com picos firmes.

Para o buttercream, você deve escolher o tipo de merengue (suíço ou italiano) e adicionar manteiga. Esse creme pode ser saborizado e colorido com corantes alimentícios.

Creme de manteiga suíço

Creme de manteiga italiano

> COBERTURAS / CREME DE MANTEIGA <

	Clara	Açúcar refinado	Água	Manteiga sem sal
Merengue suíço	200 g	400 g	–	400 g
Merengue italiano	200 g	400 g	130 g	400 g

Modo de preparo – merengue suíço:

1. Faça o *mise en place*.
2. Em uma panela, aqueça as claras com o açúcar, em fogo baixo ou em banho-maria, até atingir 60 °C ou até que todos os grânulos de açúcar fiquem diluídos .
3. Despeje a mistura na batedeira e, com o globo, bata em velocidade média até obter ponto de pico firme ou atingir a temperatura de 40 °C. Depois, leve para a geladeira para esfriar.
4. Leve o merengue frio à batedeira e acrescente aos poucos a manteiga em ponto pomada.*
5. Adicione pasta saborizante, doce de leite ou raspas de laranja ou limão.
6. Caso o creme já finalizado seja levado para a geladeira e endureça, aqueça com o auxílio de um soprador térmico e volte o creme para a batedeira até obter uma textura homogênea.

Modo de preparo – merengue italiano:

1. Coloque as claras na batedeira e bata com o auxílio do globo até obter o ponto de neve.
2. Leve para uma panela a água e o açúcar misturados e deixe aquecer sem mexer, até chegar à temperatura de 112 °C.
3. Despeje a calda quente (112 °C) em fio sobre as claras no bowl/ tigela da batedeira e continue batendo até esfriar e obter o ponto de pico firme.
4. Acrescente a manteiga em pasta aos poucos e bata até homogeneizar.
5. Caso o creme já finalizado seja levado para a geladeira e endureça, aqueça com o auxílio de um soprador térmico e volte o creme para a batedeira até obter uma textura homogênea.

---

*   **Ponto pomada:** em temperatura ambiente e macia quando pressionada.

Dicas

1. Ao bater o creme de manteiga gelado, ele ficará com a textura de talhado; continue batendo até homogeneizar ou aqueça uma pequena parte do buttercream, jogue sobre a fria e leve para bater.
2. Utilize manteiga de qualidade, de preferência com a menor quantidade de ingredientes.
3. Se sobrar creme, porcione em sacos e congele. Depois de descongelar, é só bater novamente na batedeira com o globo até obter a textura desejada.
4. Para saborizar, misture pasta saborizante, frutas em pasta ou produtos desidratados (morango, leite em pó, café solúvel) na manteiga antes de incorporá-la ao creme.

> COBERTURAS <
Blindagem

Ingredientes	Chocolate nobre	Chocolate fracionado	Creme de leite	Água/suco
Chocolate meio amargo	200 g	350 g	180 g	150 g
Chocolate ao leite	200 g	350 g	160 g	130 g
Chocolate branco	200 g	350 g	120 g	100 g

Quer garantir segurança no transporte dos bolos? Faça uma blindagem à base de ganache de chocolate e creme de leite ou água. A blindagem tem a função de encapsular o bolo, formando uma pré-camada de cobertura. Ela fica como uma casca de bombom macia, com espessura de 0,5 cm, auxiliando na estruturação, no transporte e para empilhar os bolos de andares, garantindo segurança. Além disso, ela agrega sabor para bolos de pasta americana. Para a blindagem, é necessário utilizar chocolate fracionado, tipo específico de chocolate para confeitaria e de secagem rápida, o que auxilia na hora de aplicar a pré-cobertura e aguentar altas temperaturas. Normalmente, bolos de pasta americana ficam expostos durante todo o período do evento, sendo necessário um chocolate resistente a alta temperatura. Antes de blindar o bolo, certifique-se de que ele está 100% reto e sem imperfeições, pois ele ficará no formato que a blindagem for feita. O sabor da blindagem deve estar de acordo com o sabor do recheio, da massa e da cobertura posterior.

Modo de preparo:
1. Faça o *mise en place*.
2. Derreta os dois chocolates (nobre e fracionado) juntos no micro-ondas.
3. Adicione o creme de leite e, com o auxílio de um mixer, misture até homogeneizar.
4. Aqueça novamente no micro-ondas, caso a blindagem seque.

Dicas
1. Se a ganache endurecer, aqueça no micro-ondas de 10 em 10 segundos e mexa nos intervalos.
2. Aromatize a blindagem com cítricos: substitua a água por suco de limão ou maracujá para diminuir o teor de doçura.

A blindagem ajuda a manter o bolo bem estruturado. Aqui, blindagem com ganache de chocolate ao leite.

PASTA DE AÇÚCAR

A pasta de açúcar, ou fondant, é um tipo de cobertura que possibilita uma infinidade de decorações e acabamentos realistas nos bolos. É feita à base de açúcar impalpável, que contém amido de milho em sua composição, o que auxilia na secagem da cobertura e permite um amplo uso da criatividade para as decorações.

Além do açúcar impalpável, a pasta de açúcar também contém gordura, CMC, gelatina incolor e glucose, entre outros ingredientes. É importante fazer um cálculo para saber o que compensa financeiramente: fabricar a própria pasta ou comprá-la pronta. Hoje, no mercado da confeitaria, é fácil encontrar marcas muito boas em qualidade, sabor e preço. Essas pastas possibilitam o congelamento e a refrigeração dos bolos.

Hoje em dia é possível encontrar facilmente alternativas para a famosa "pasta americana", cada uma com suas finalidades. Vamos a elas.

> PASTA DE AÇÚCAR <
Pasta americana

Para coberturas em geral, a pasta americana é aplicada ao bolo após a blindagem. No mercado, você encontra quatro tipos de pasta: tradicional, para refrigeração, para congelamento e extramacia. Você precisará sovar as pastas para aquecer a glucose e deixá-las elásticas. A sova pode ser feita de forma manual ou você pode levar a pasta ao micro-ondas por 5 segundos e terminar o processo manualmente.

A pasta americana, comprada pronta ou não, pode ser aromatizada: no momento da sova, adicione uma essência, extrato ou emulsão do sabor e aroma que deseja. Algumas marcas já vendem a pasta americana aromatizada, então é importante verificar sempre os ingredientes na embalagem para identificar o sabor.

As pastas também podem ser tingidas com corantes em pó ou gel. Porém, se elas ficarem muito tempo expostas à luz, a pigmentação desbota, diminuindo a tonalidade.

Em dias úmidos, chuvosos ou muito quentes, a pasta pode derreter pelo fato de ser feita à base de açúcar, o que dificulta a aplicação no bolo. Para evitar isso, adicione CMC à pasta. A função do CMC é justamente desidratar, absorver toda a umidade.

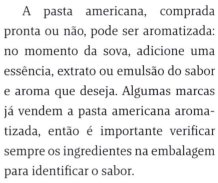

> PASTA DE AÇÚCAR / PASTA AMERICANA <

Ingredientes	Quantidade
Açúcar impalpável peneirado	600 g
Gelatina em pó incolor	12 g
Água para hidratar a gelatina	90 g
Glucose pastosa	30 g
Gordura vegetal ou manteiga de cacau derretida	30 g
CMC	5 g
Essência/emulsão	2 g

Modo de preparo:

1. Faça o *mise en place*.
2. Hidrate a gelatina. Em seguida, acrescente, no mesmo recipiente da gelatina, a glucose e a gordura e leve-as para derreter no micro-ondas. Aqueça 10 segundos por vez e mexa; tome cuidado para não deixar a mistura ferver, para não perder o poder de gelificação.
3. Coloque o açúcar impalpável e o CMC na batedeira e adicione os líquidos aquecidos. Ligue a batedeira e bata com o auxílio do gancho até obter uma textura homogênea.
4. Se for necessário, adicione mais açúcar impalpável e sove a pasta na bancada.
5. Embrulhe a pasta muito bem no plástico filme, para não secar, e deixe descansar por, no mínimo, 12 horas. Após o descanso, sove e abra com o auxílio de um rolo.

Dicas

1. Evite sovar muito a pasta devido ao líquido: quanto mais você sovar, mais vai sentir que ela gruda nas suas mãos. Se isso acontecer, deixe a pasta descansar e só acrescente açúcar impalpável se realmente for necessário para evitar que a pasta fique ressecada.
2. Caso você não utilize completamente a pasta, embale-a muito bem no plástico filme para não secar.

Você pode usar um rolo de massa para abrir a pasta americana e deixá-la na espessura correta.

> PASTA DE AÇÚCAR <
Chocopasta

Ingredientes	Quantidade
Açúcar impalpável peneirado	600 g
Leite condensado	200 g
Chocolate em pó 50%	100 g
Chocolate nobre ao leite	100 g
Água	100 g
CMC	5 g
Gelatina incolor em pó	12 g
Glucose	10 g

A chocopasta, como o nome diz, é feita à base de chocolate e é facilmente encontrada para comprar já pronta. O sabor é completamente diferente da pasta americana tradicional. Com ela, é possível cobrir bolos e fazer modelagens pequenas e diversos acabamentos, inclusive para doces personalizados. Para a pigmentação da chocopasta, o ideal é utilizar corante para chocolate. Devido à manteiga de cacau ou gordura vegetal, dependendo do tipo de chocolate utilizado, a textura dessa pasta pode ficar extremamente maleável, demorando mais tempo para secar.

Modo de preparo:

1. Faça o *mise en place*.
2. Hidrate a gelatina. Em seguida, acrescente a glucose no mesmo recipiente e leve para derreter de dez em dez segundos.
3. Derreta o chocolate à parte, no micro-ondas, e mexa de 30 em 30 segundos para evitar que ele queime.
4. Em um bowl ou tigela, misture o açúcar impalpável e o CMC.
5. Em outro recipiente, coloque o chocolate derretido, o leite condensado, a gelatina hidratada com a glucose e o chocolate em pó. Misture bem.
6. Adicione o açúcar impalpável com CMC aos poucos na base líquida.
7. Se for necessário, leve para a bancada para sovar.
8. Deixe descansar por 1 hora, divida em porções e abra com o auxílio de um rolo.

Dicas

1. Troque 100% do chocolate ao leite por branco e do chocolate em pó por leite em pó, e você terá uma pasta de leite em pó.
2. O leite condensado pode ser substituído 100% por doce de leite. Assim, você terá uma pasta de doce de leite.

> PASTA DE AÇÚCAR <
Pastilhagem

Ingredientes	Quantidade
Açúcar impalpável peneirado	500 g
Açúcar refinado	300 g
Água (1)	150 g
Gelatina incolor	24 g
Água (2)	50 g
Glucose	10 g
Essência/emulsão	2 g

A pastilhagem é um tipo de pasta de açúcar que contém um teor superior de CMC ou gelatina nas comerciais, com isso seu processo de secagem é extremamente rápido. Como é possível deduzir do próprio nome, ela seca e se torna uma "pastilha", como uma bala dura. Por isso, o modo ideal para consumir é quebrá-la em pequenos pedaços e chupar como uma bala, sem morder.

A pastilhagem não serve para cobrir um bolo, mas para estruturar peças e modelagens que fazem parte da decoração do bolo. Exemplo: se o bolo é de debutante e é necessário fazer o número 15 ficar em pé sobre o bolo, a melhor pasta é a pastilhagem. Outra opção é misturar a pastilhagem e a pasta americana para fazer modelagens.

Modo de preparo:

1. Faça o *mise en place*.
2. Leve para a panela o açúcar refinado com a água 1. Faça uma calda de açúcar, cozinhando até chegar a 110 °C.
3. À parte, coloque a água 2 em um bowl ou tigela e despeje a gelatina aos poucos para hidratar. Despeje a glucose sobre a gelatina hidratada e leve para aquecer no micro-ondas de 10 em 10 segundos, até derreter.
4. Adicione a gelatina e a glucose misturadas na calda de açúcar.
5. Coloque 2/3 do açúcar impalpável na batedeira, verta a calda, ligue a batedeira e misture a massa com o gancho. Se necessário, para desgrudar e formar a pasta, adicione mais açúcar impalpável.
6. Retire a massa da batedeira, termine de sovar manualmente e utilize para criar as peças em açúcar.

Dicas

1. Faça a quantidade que for utilizar no momento, pois essa pasta seca rapidamente.
2. Se você quiser tingir a quantidade total, pode adicionar o corante na batedeira ao colocar o açúcar impalpável.

> PASTA DE AÇÚCAR <

Massa elástica

Ingredientes	Quantidade
Açúcar impalpável	150 g
Açúcar refinado	70 g
Água (1)	50 g
Gelatina incolor	6 g
Água (2)	20 g
Glucose	15 g
Gordura vegetal ou man-teiga de cacau derretida	40 g
CMC	5 g
Clara de ovo pasteurizada	30 g

Como o próprio nome diz, a função dela é garantir elasticidade para as decorações, ou seja, pode ser usada para fazer drapeados, vestidos, laços, todas as decorações que necessitam de delicadeza. Outra opção de uso da massa elástica é misturar ¼ dela com a pasta americana industrializada, acrescentando maior elasticidade à pasta. Com isso, você ganha um pouco mais de tempo para finalizar os acabamentos nos bolos. É só sovar ¼ da massa elástica com 800 gramas de pasta americana. Como a massa elástica tem uma quantidade superior de glucose, demora mais tempo para secar; por isso não é ideal usá-la para cobrir 100% do bolo.

Modo de preparo:

1. Faça o *mise en place*.
2. Leve para a panela o açúcar refinado com a água 1 e a glucose. Faça uma calda de açúcar, cozinhando até chegar a 105 °C.
3. À parte, coloque a água 2 em um bowl ou tigela e despeje a gelatina aos poucos para hidratar. Leve para aquecer no micro-ondas de 10 em 10 segundos, até derreter.
4. Com o fogo desligado, mas com a calda ainda quente, adicione a gordura vegetal e a gelatina derretida.
5. Peneire o açúcar impalpável com o CMC e misture com a calda morna. Em seguida, acrescente a clara pasteurizada e a essência de sua preferência e misture.
6. Cubra com plástico em contato e leve para a geladeira por, no mínimo, 12 horas.
7. Depois, retire da geladeira e misture, aos poucos, 100 g de açúcar impalpável, até desgrudar. Se necessário, adicione um pouco mais do açúcar. Lembre-se de que essa massa fica com uma textura elástica, então ela gruda levemente na mão.

Dicas

Se não for utilizar toda a massa mãe (a pasta principal que fica refrigerada), embrulhe-a muito bem com o plástico filme e leve para o freezer. Depois de descongelar, basta sovar novamente com a ajuda do açúcar impalpável.

Pasta americana

Massa elástica

Chocopasta

Pastilhagem

Perceba a diferença de textura de cada tipo de cobertura.

Técnicas de montagem e cobertura

Laminação da massa de bolo

A laminação da massa tem total impacto com a estrutura inicial da massa, pois funciona como controle de umidade em relação à calda e padronização. A laminação é a realização do corte das massas na horizontal para auxiliar na aplicação do recheio e da calda. Cortar a massa corretamente auxilia na estruturação do bolo durante o transporte e na distribuição do recheio e da calda, além de melhorar a aparência e a apresentação.

Modo de preparo:

1. Desenforme o bolo.
2. Coloque-o sobre a bailarina.
3. Escolha uma faca de serra em que a diferença de espessura do cabo para a lâmina seja de 1 cm de cada lado (como na imagem).
4. Encoste a faca na bailarina.
5. Com o auxílio da faca, faça uma marcação ao redor do bolo.
6. Faça movimentos vai e vem com a faca, ainda encostada na bailarina para fazer o corte reto.
7. Com um salva-bolos, retire a última fatia.
8. Refaça os cortes das lâminas até finalizar; assim você conseguirá padronizá-las.

Aplicação de recheio

Para facilitar e padronizar a altura do recheio, o ideal é colocá-lo em uma manga de confeitar. Corte cerca de 1,5 cm da ponta da manga; use uma régua para medir o tamanho do corte.

Modo de preparo:

1. Coloque a manga de confeitar em uma jarra medidora.
2. Aplique o recheio na manga de confeitar.
3. Com o auxílio de uma régua, corte a ponta da manga de confeitar na espessura de 1,5 cm.
4. Feche a parte de cima da manga de confeitar com um fitilho.

Antes de cortar as lâminas, faça pequenas marcações ao redor do bolo para ter controle de onde passará a faca. Procure usar uma faca semelhante à da imagem para facilitar o processo.

Montagem/prensagem

O processo da prensagem costumava ser feito dentro da própria forma em que o bolo foi assado; ao final, era costume colocar um peso sobre o bolo, para comprimir e compactar. Com o tempo e as tendências do mercado, descobriu-se que, para ter uma massa fofa e aerada, era necessário prezar pelas bolhas de ar internas. Ao colocar um peso sobre o bolo, você retira toda a textura leve da massa. Por esse motivo, atualmente, deve-se montar, e não prensar o bolo.

Modo de preparo:

1. Coloque o fundo do bolo no próprio fundo do tabuleiro.
2. Você não deve umedecer essa última camada com a calda, pois toda a umidade do bolo vai para ela. Caso umedeça, a calda vazará para fora do bolo.
3. Aplique a cinta de contenção, se necessário (para recheios leves e moles), ou já aplique o próprio recheio.

Lembre-se de não aplicar a calda na última camada, que ficará embaixo do bolo. Recheie cada camada com a manga de confeiteiro até chegar na que ficará no topo.

4. Com o auxílio de um disco de isopor ou salva-bolos, aplique a camada superior do disco de massa.
5. Adicione a calda do bolo nessa camada, com o auxílio de um pincel. É importante não umedecer as bordas, deixando uma margem de segurança: a massa do bolo é como uma esponja, então, ao umedecer o centro, as laterais vão absorver a calda. Se você umedecer as bordas, a calda vazará para fora.
6. Aplique novamente a cinta de contenção para recheios moles ou vá diretamente para o recheio de sua preferência.
7. Repita o processo até obter a altura desejada do bolo.
8. Ao final, utilize uma folha de acetato para estruturar o bolo.
9. Leve para a geladeira e deixe descansar por no mínimo 10 horas antes de aplicar a cobertura.

Por fim, use o acetato para manter a estrutura do bolo. A montagem é extremamente importante; a laminação e a quantidade de calda e de recheio são fundamentais para a estruturação do bolo.

Aplicação de coberturas e espatulagem

Para aplicar coberturas, é necessário utilizar espátulas angulares e retas, esquadros e réguas para iniciantes. Além disso, colocar a cobertura em uma manga de confeitar auxilia na padronização do bolo. Para esse uso, se preferir, você pode utilizar um bico de confeitar perlê número 12, ou cortar 2 cm da ponta da manga.

Chantilly e creme de manteiga

Modo de preparo:
1. Após o descanso do bolo, retire o acetato e leve-o de volta para a bailarina.
2. Com a manga de confeitar a 45° em relação ao bolo, comece a pressionar para aplicar a cobertura, de baixo para cima, pelas laterais.
3. Depois da lateral, repetir o processo na parte superior do bolo.
4. Com uma espátula angular, espalhe a cobertura para ficar uniforme.

Use uma manga de confeiteiro para aplicar o chantilly ou creme de manteiga na cobertura.

5. Deixe a régua ou o esquadro na lateral do bolo, a 45°. Em seguida, gire a bailarina, puxando-a para frente.
6. Caso perceba alguma falha ou falta de cobertura em alguma parte do bolo, aplique mais um pouco e repita o processo com a régua ou esquadro.
7. Repita o processo até obter o bolo reto e liso.
8. Para alinhar o topo, utilize uma espátula angular a 45° em relação à parte interna do topo.
9. Faça o movimento de empurrar a quina (pequena sobra de cobertura que se forma no contorno do bolo, na parte de cima) para o centro do bolo.
10. Repita o processo ao redor de todo o bolo, leve-o para gelar e, depois, adicione a decoração necessária.

Dicas

A indicação de deixar a régua ou esquadro a 45° em relação ao bolo é para espatular, ou seja, espalhar a cobertura e deixá-la reta. Se o instrumento escolhido estiver a 90° em relação ao bolo, ao fazer o movimento, ele vai retirar a cobertura em vez de espatular.

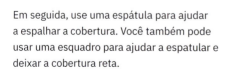

Em seguida, use uma espátula para ajudar a espalhar a cobertura. Você também pode usar uma esquadro para ajudar a espatular e deixar a cobertura reta.

Blindagem

Para aplicar a blindagem, é necessário utilizar guias de apoio, fáceis de encontrar no mercado da confeitaria, feitas de acrílico ou isopor. Normalmente, as guias são 1 cm maior do que os tamanhos convencionais dos bolos. Exemplo: para cobrir um bolo de 15 cm de diâmetro, é necessário ter uma guia de 16 cm de diâmetro para que haja a sobra de 0,5 cm para cada lado de espessura. Consequentemente, colocaremos 0,5 cm de ganache ao redor do bolo.

Modo de preparo:

1. Depois de retirar o bolo da geladeira, tire o acetato ao redor.
2. Coloque a guia na parte de baixo e em cima do bolo, de forma que os discos fiquem alinhados. Porém lembre-se de deixar o bolo ao contrário, com a parte de baixo (a que não foi molhada com a calda) para cima.
3. Com o auxílio de uma manga de confeitar, aplique a cobertura de ganache ao redor do bolo.
4. Coloque uma régua ou esquadro a 45° e passe ao redor do bolo para espalhar e uniformizar.
5. Faça esse processo até que as laterais do bolo fiquem lisas.
6. Leve para a geladeira para secar.
7. Assim que secar, com o auxílio de uma espátula com a ponta fina, retire o disco do topo do bolo, fazendo sempre pressão contra o disco. Lembrete: esta parte de cima, na verdade, é a parte de baixo do bolo, ou seja, a que não molhamos.
8. Vire o bolo sobre outro tabuleiro, deixando a parte seca (a camada que não molhamos com a calda) sobre o próprio tabuleiro. Em seguida, retire a outra parte do disco de acrílico.
9. Passe a uma fina camada de ganache na parte do topo do bolo, com o auxílio de uma espátula.
10. Com a régua ou esquadro, verifique se o bolo está reto, passando o instrumento escolhido em um ângulo de 45° contra a parte de cima do bolo.
11. Leve para gelar.
12. Se necessário, verifique com um nível se o bolo está realmente reto.
13. O bolo está pronto para aplicar a pasta de açúcar.

Retire o acetato e use a espátula para fazer a blindagem com ganache no bolo – lembrando de sempre combinar o sabor da blindagem com o recheio. Você também pode usar uma régua ou esquadro para verificar se a blindagem está reta.

Aplicação da pasta de açúcar

Para aplicar a pasta americana ou chocopasta no bolo, é necessário utilizar alguns equipamentos e utensílios específicos para facilitar o processo.

Modo de preparo:

1. Retire o bolo blindado da geladeira e deixe em uma bancada. Não o coloque na bailarina.
2. Se a blindagem estiver seca, pegue um copo com água, um pincel e pincele o bolo inteiro; assim, a pasta vai aderir ao bolo. Se você tentar aplicar a pasta na blindagem completamente seca, ela não grudará.
3. Passe um pano molhado na bancada e abra um plástico filme sobre ela para abrir a pasta. Você pode utilizar também um tapete de silicone.
4. Evite abrir demais a pasta para sovar; prefira realizar movimentos curtos. Desse modo, você evita que sejam criadas bolhas de ar na pasta.
5. Coloque a pasta americana sovada sobre o plástico e a abra com um auxílio de um rolo. Não há necessidade de utilizar amido ou açúcar impalpável na bancada para abrir a pasta sobre o plástico ou tapete de silicone. Aplicar amido ou açúcar nesse processo só vai acelerar a secagem da pasta.
6. Com o rolo, faça movimentos do meio para frente e do meio para trás. Depois, faça movimentos em X, levando a pasta para as extremidades.
7. Repita o processo até que a pasta fique com a espessura de 0,03 cm.
8. Verifique, com a ajuda de uma régua, se a sua pasta atingiu a circunferência adequada para o tamanho do bolo. Lembre-se de contar as laterais somadas ao diâmetro do bolo.
9. Com o dorso da mão, levante as extremidades da pasta e segure-a. Em seguida, cubra o bolo.
10. Primeiramente, cole as quinas do bolo.
11. Abra cada prega e feche-as com a mão para o sentido do bolo. Evite puxar a pasta, para não rasgá-la; faça o movimento como um "carinho" no bolo para grudar a pasta.

Com um pincel, umedeça levemente a blindagem do bolo e, em seguida, cubra-o com a pasta americana, com cuidado, para que ele fique uniforme. Caso você não umedeça a blindagem, a pasta não vai colar.

12. Depois disso, utilize os alisadores ou pedaços de disco de isopor para dar o acabamento liso nas laterais e no topo do bolo.
13. Nunca utilize o alisador na quina do bolo.
14. Assim que terminar, faça as quinas.
15. Para as quinas retas, utilize um alisador parado ao lado do bolo e o outro sobre o bolo, fazendo uma leve pressão contra o alisador parado, como se você fosse "beliscar" a quina do bolo.
16. Repita o processo até obter a volta inteira.
17. Deixar o bolo secar antes de aplicar as decorações.
18. Se for utilizar algum tipo de marcador, faça isso no momento em que a pasta ainda está úmida.

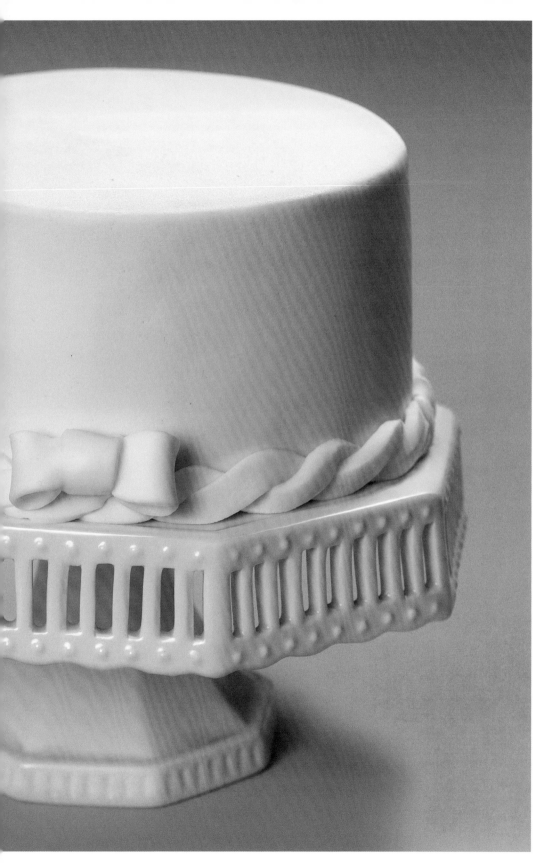

Técnicas de decoração

Algumas decorações simples são consideradas clássicas; a partir delas, o cake designer busca inspirações para transformar o clássico em uma decoração diferente. As decorações precisam sempre combinar com o tema, as cores ou o local do evento, e a decoração no bolo está ali para complementar o visual da mesa, trabalhando com texturas, volume e cores.

Nas decorações de hoje em dia, remetemos sempre a "quem". Por exemplo: se a festa tem a temática do Mickey, não há a necessidade de colocar o personagem no bolo. O ideal é remeter ao Mickey de forma simples, como fazer o bolo em preto e vermelho, incluir os botões característicos, a luva, as orelhas, etc. Assim, o contratante verá o bolo com as características do personagem e já saberá de quem se trata, mesmo sem a modelagem do personagem sobre o bolo.

Outro ponto de atenção é que, em festas como a desse exemplo, a mesa, o painel, a vestimenta da criança, entre outros elementos, já terão o personagem; o desafio aqui, então, é ser criativo sem ficar repetitivo.

Para o processo de criação da decoração do bolo, é importante fazer algumas perguntas para o contratante, como:

- **Qual o local do evento?** Esta pergunta é fundamental para o planejamento, pois, a partir dela, o cake designer consegue orientar quais massas, recheios e coberturas são mais propícias para o local. Por exemplo: fazer um bolo com cobertura de creme de manteiga para um casamento na praia não é tão seguro, pois a manteiga, em contato com o calor, pode derreter.
- **O evento tem alguma coloração específica ou tema específico?** Lembre-se de que os corantes, em contato com a luz, queimam; com isso, a pigmentação precisa ser controlada de acordo com a cor do evento. Por exemplo: se a festa é rosa pink, compre o corante rosa pink. Não tente colocar um vidro inteiro de outros tons de rosa até chegar no pink.

Bicos de confeitar e manga de confeitar

No século XIX, a manga de confeitar foi criada na região de Bordeaux, na França, por acidente. Um confeiteiro cortou a ponta de um cone de papel (que até então era chamado de puxão), encheu de merengue e escreveu o próprio nome na bancada de trabalho. O dono do local, quando viu, percebeu o grande potencial para as decorações dos bolos.

No final do século XIX, os acabamentos com as mangas de confeitar e glacê real eram o auge para as decorações dos bolos. Nessa época, Herr Willy, natural da Alemanha, foi trabalhar com a confeitaria real na Inglaterra. Assim que chegou, ficou abismado com as decorações básicas feitas com mangas de confeitar simples. Buscando uma solução, Willy criou e comercializou sua própria linha de bicos de confeitar feitos de latão, contendo em torno de 160 variedades, além de desenvolver e comercializar papéis especiais para sacos de confeitar.

Com o tempo, diversas marcas foram se consolidando no mercado e, hoje, é fácil encontrar diversos tipos e formatos específicos de mangas e bicos de confeitar. O mercado oferece uma variedade extensa de modelos e é possível obter decorações diferentes com cada um deles.

Algumas técnicas servem como guia para garantir uma melhor padronização nas decorações com bicos de confeitar. Primeiramente, você pode marcar no bolo, com um palito, esteca* ou espátula, os locais exatos da pré-camada de cobertura em que deve começar e terminar cada decoração. Deixe o ângulo do bico em relação ao bolo a 10°, 45° e 90°, mantendo sempre a pressão ao apertar a manga de confeitar. Uma técnica interessante para garantir a padronização dos desenhos é contar os segundos que você leva pressionando a manga de confeitar em cada parte que se repete na decoração.

---

* **Esteca:** ferramenta em formato de bastão com diversos tipos de ponta, usada para criar detalhes em massas de confeitaria, modelar objetos de biscuit, esculpir em cerâmica, entre outras funções.

É possível encontrar três tipos de manga de confeitar no mercado:

- **Reutilizáveis:** são feitas de silicone. É importante higienizar e deixar secar do lado contrário a cada vez que forem utilizadas para evitar mofo.
- **Descartável de plástico:** é possível encontrar modelos desse tipo de manga de confeitar apenas para produtos frios, como chantilly e merengue, e para produtos quentes/frios. Nesse caso, a manga é resistente a altas temperaturas, e você pode usá-la para brigadeiro quente e ganaches. Caso a ganache endurece na manga, por exemplo, você pode levá-la ao micro-ondas.
- **Descartável de papel:** é feita de papel-manteiga e conhecida como "cartucho". Pode ser utilizada para preparos fluidos, como chocolate. O papel não é resistente o suficiente para aguentar preparos densos, como glacê real, por exemplo.

Adaptadores

O adaptador facilita o trabalho dos bicos de confeitar, pois possibilita a troca do bico sem a necessidade de retirar o creme de dentro da manga de confeitar. O adaptador fica na parte interna na manga, e o anel faz a função de segurar o bico escolhido.

A seguir, falaremos sobre os bicos de confeitar mais utilizados e como cada um é aplicado no bolo.

Bicos de confeitar

- **Bico perlê:** é usado para escrever, fazer esferas, rendas e poás. As pontas fazem trabalhos diferentes, de acordo com o tamanho escolhido, e essa escolha deve se basear na delicadeza necessária para a decoração.
  - *Características para aplicação:* bicos n° 2, 3, 4, 5, 6, 7, 8, 10 e 12.
  1. Faça pressão média na manga de confeitar ao usar esse bico para fazer aplicações.
  2. Esse bico deve ser utilizado a 90° em relação ao bolo.
  3. Se quiser escrever nomes, verifique onde fica o centro do bolo e inicie a palavra do meio para o fim, voltando depois para escrever o começo. Assim você garante a padronização das letras.

- **Bico pitanga aberto e fechado:** é usado para fazer estrelas, flores, rosetas e conchas. O tamanho do bico interfere no acabamento e tamanho das decorações. Normalmente, para bolos pequenos, utilizamos os bicos de confeitar menores e, para bolos maiores, os bicos maiores.
  - *Características para aplicação:* bicos n° 17, 18, 31, 1B e 1M.
  1. Faça pressão média na manga de confeitar ao usar esse bico para fazer aplicações.
  2. Esse bico deve ser utilizado a 90° em relação ao bolo para fazer pitangas, rosetas e cordão.
  3. Para fazer conchas, você pode utilizá-lo a 45°.

- **Bico serra:** é usado para fazer efeito de cestas, fitas, rodapé do bolo e para aplicação de coberturas.
  - *Características para aplicação:* bicos n° 46, 47, 1D e 2B.
  1. Faça pressão média na manga de confeitar ao usar esse bico para fazer aplicações.
  2. Esse bico deve ser utilizado a 45° em relação ao bolo para fazer cestas, ondulados e o rodapé.

- **Bico pétala e folha:** é usado para fazer pétalas de flores, drapeados e folhas.
  - *Características para aplicação:* bicos pétala n° 102, 103 e 104; bico folha n° 352.
  1. Faça pressão leve na manga de confeitar ao usar esse bico para fazer aplicações.
  2. Esse bico deve ser utilizado a 90° em relação ao bolo para drapeados.
  3. Pode ser utilizado a 10°, 45° e 90° para flores, dependendo do tipo de flor.
  4. Para as folhas, você pode utilizá-lo a 45° em relação ao bolo ou flor.

- **Bico múltiplos/chuveirinho:** é usado para fazer linhas, cabelos, cordas e grama.
  - *Características para aplicação:* bicos chuveirinho: 233 e 234.
  1. Faça pressão média na manga de confeitar ao usar esse bico para fazer aplicações.
  2. Esse bico deve ser utilizado a 90° em relação ao bolo.
  3. É necessário pressionar a manga de confeitar e subir ao mesmo tempo; assim você vai obter cordões mais extensos, dando à decoração o aspecto de grama e cabelo.

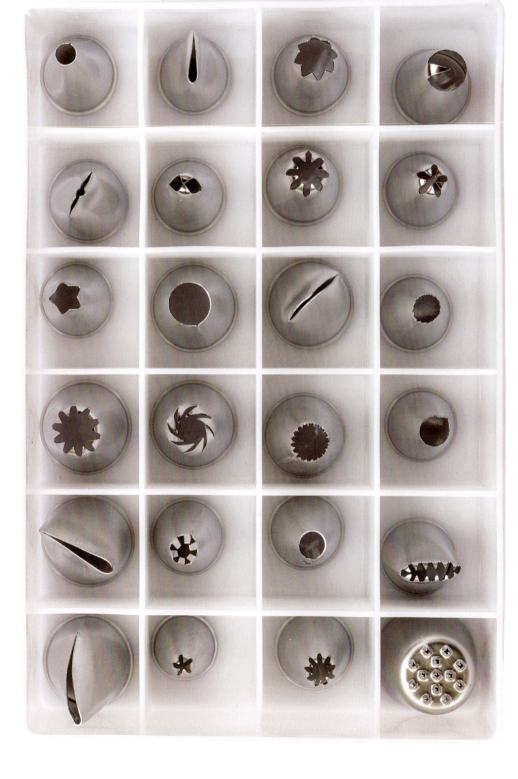

Cuidados com embalagem e transporte

Após a dedicação em realizar o bolo, você precisa analisar a melhor embalagem para garantir a segurança no transporte. O ponto principal é que não ocorra nenhum tipo de contaminação e, para isso, é necessário que o bolo esteja bem embalado.

Atualmente, é possível encontrar caixas de transporte para bolos altos de diversas formas e tamanhos. É importante analisar o tamanho do bolo e o peso para escolher a melhor opção.

A seguir, veja algumas dicas importantes após a escolha da embalagem.

1. Coloque um tapete antiderrapante embaixo da embalagem para não haver o risco de seu bolo deslizar durante o trajeto.

2. No caso do tabuleiro do bolo decorado, deixe uma margem livre; assim, quem for retirar da caixa terá um local apropriado para manusear o bolo com segurança.

3. De preferência, não finalize o bolo pouco tempo antes da entrega. Faça a finalização do bolo com pelo menos 6 horas de antecedência. Desse modo, você terá tempo hábil para arrumar o bolo caso alguma decoração descole, a cobertura rache ou algo relacionado à estrutura não esteja adequado.

4. Se o bolo contiver alguma decoração externa que possa ser danificada durante o transporte, finalize no local.

5. Leve sempre consigo um kit de emergência: uma manga de confeitar, estecas e um pouco de cobertura. Assim, caso o bolo seja danificado no transporte, é possível ajustá-lo no local do evento.

6. Sempre fale com o contratante uma semana antes do evento para confirmar data, horário e quem será o responsável por receber o bolo.

7. Passe algumas informações básicas ao contratante antes da entrega: como o bolo deve ficar armazenado (refrigerado, na temperatura ambiente, congelado), como cortar as

fatias, etc. Você pode fazer um vídeo mostrando como fatiar o bolo, por exemplo, e encaminhar com antecedência ao contratante, principalmente se é um bolo de estrutura mais complexa.

8. A melhor forma de transportar o bolo é no chão do carro, pois esse é o local que menos sofre impacto durante o transporte.

Seguindo essas dicas, você com certeza vai transportar o bolo com segurança para o local do evento.

Existem vários tipos de embalagem para proteger os bolos durante o transporte. Você pode usar uma embalagem plástica mais simples, como a primeira imagem; uma caixa como a da segunda imagem; e até mesmo embalar o bolo com uma folha de celofane.

Arrematando as ideias

O cake designer desenvolve em si a habilidade de criar: pensar em massa, recheio, calda, na harmonização desses sabores, colocar algum ingrediente a mais.

Com este livro, o cake designer saberá aliar sua criatividade a outras habilidades mais práticas, como estruturar o bolo, escolher as melhores opções de recheios e coberturas e garantir segurança no transporte, além de garantir uma aparência interna impecável para os bolos na hora do corte.

A criatividade é um dos pontos principais para o cake designer. Ele deve criar, de acordo com o briefing do evento, referências e inspirações, a decoração do bolo, de forma a ser inovador. Esse profissional não faz cópia das decorações; ele as utiliza de inspiração. O cake designer, como dissemos no início, é um artista que precisa ver seus bolos como uma tela em branco. E, no bolo em branco, ele deve aplicar, de forma técnica e arrojada, a decoração e cobertura adequadas.

Por meio desta obra, fornecemos as ferramentas para que o cake designer tenha em mãos a base das técnicas clássicas, com as quais conseguirá criar novas decorações e massas de sabores diferentes, além de recheios e coberturas deliciosas. Devemos ter sempre em mente que a área de eventos é, muitas vezes, responsável por realizar sonhos. Então, nada melhor do que aliar conhecimento técnico à originalidade e à inventividade, levando a uma entrega impecável e da forma mais doce aos clientes.

Referências

BAU, Frédéric. **Enciclopédia do chocolate**. São Paulo: Editora Senac São Paulo, 2019.

BODEN, Margaret A. **Creativity and art**: three roads to surprise. Oxford: Oxford University Press, 2010.

COSTA, Diego *et al.* **Manual prático de confeitaria**. São Paulo: Editora Senac São Paulo, 2018.

GARRETT, Toba M. **Professional cake decorating**. Hoboken: Wiley, 2012.

OS TIPOS de gomas e suas aplicações na indústria. **Revista Aditivos e Ingredientes**, São Paulo, 2021. Disponível em: https://aditivosingredientes.com/artigos/052023-artigos-editoriais/os-tipos-de-gomas-e-suas-aplicacoes-na-industria. Acesso em: 1 ago. 2024.

PANTANO, Nelson. **The king cake**: a arte de confeitar. Rio de Janeiro: 3R Studio, 2017.

PORSCHEN, Peggy. **A year in cake**: seasonal recipes and dreamy style secrets from the prettiest bakery in the world. London: Quadrille, 2021.

ROMÃO, Regiane. Fábrica de sonhos: conheça a profissão de cake design. **Jornal Correio do Norte** – JCN, Cornélio Procópio, 16 set. 2019. Disponível em: https://jornalcn.com.br/noticia/9793/fabrica-de-sonhos-conheca-a-profissao-de-cake-design#:~:text=O%20Cake%20Design%20como%20conhecemos,do%20poder%20financeiro%20das%20fam%C3%ADlias. Acesso em: 25 abr. 2023.

RUIZ, Francisco J. *et al.* Creativity support system for cake design. **UPCommons**, Barcelona, 2015. Disponível em: https://upcommons.upc.edu/bitstream/handle/2117/27474/paper%2012.pdf?sequence=1&isAllowed=y. Acesso em: 2 maio. 2023.

SAIBA pra que servem as estecas. **Blog da Lu**, São Paulo, 17 dez. 2019. Disponível em: https://www.magazineluiza.com.br/blog-da-lu/c/me/alme/saiba-pra-que-servem-as-estecas/3656/. Acesso em: 26 ago. 2024.